Der große XENOS

ATLAS
Altes Ägypten

ISBN 3-8212-2328-6

Verantwortlich für die deutsche Ausgabe:

Am Hehsel 40, 22339 Hamburg

Text: Neil Morris

Illustrationen: Paola Ravaglia, Matteo Chesi,
Studio Stalio (Alessandro Cantucci, Fabiano Fabbrucci,
Andrea Morandi) und Lorenzo Cecchi

Übersetzung aus dem Englischen:
Irmgard Krasser

Grafik: Marco Nardi
mit Ornella Fassio und Adriano Nardi

Lithos: Litocolor, Florenz (Italien)

Originalausgabe:

via dei Rustici, 5 – Florenz, Italien

Druck und Einband:
C&C, Hongkong

Der große XENOS

ATLAS Altes Ägypten

Text: Neil Morris

Illustrationen: Paola Ravaglia, Matteo Chesi,
Studio Stalio (Alessandro Cantucci, Fabiano Fabbrucci,
Andrea Morandi) und Lorenzo Cecchi

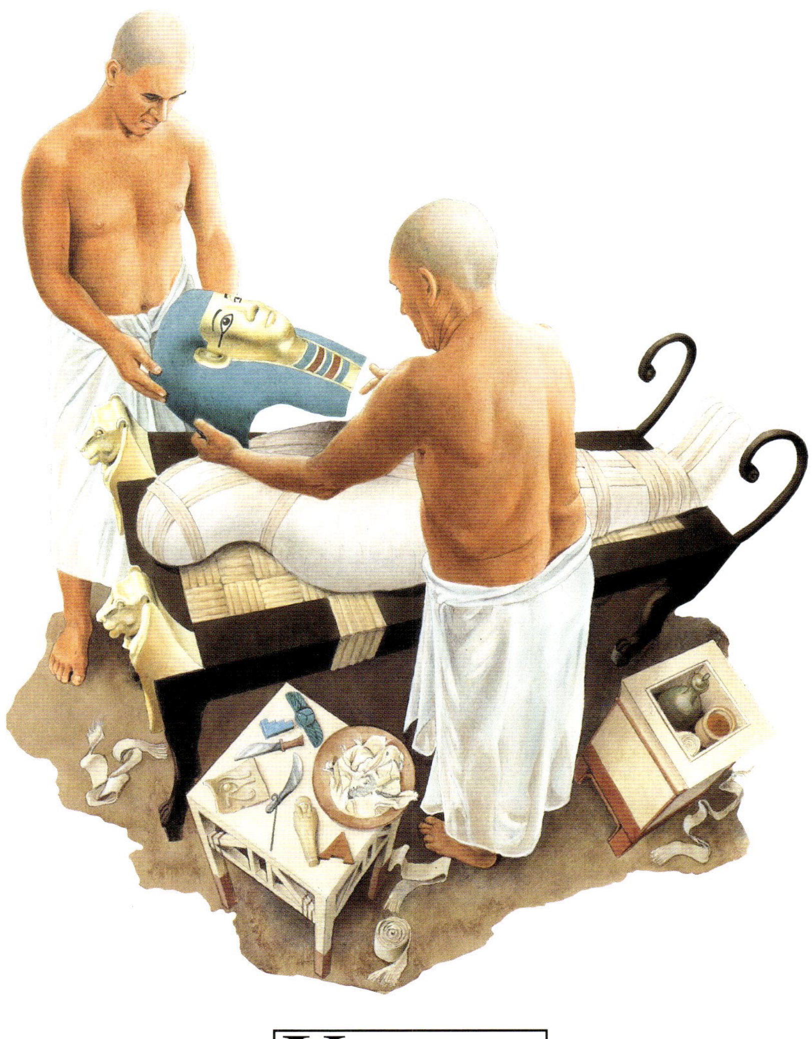

XENOS

Inhalt

Osiris, der Gott des Todes und der Auferstehung, in einer Darstellung aus dem Grab Ramses' I. im Tal der Könige. Der Gott trägt die typische weiße Krone mit den zwei Federn und in den Händen hält er den königlichen Krummstab und Wedel. Der tote König wurde immer mit Osiris in Verbindung gebracht, dessen grüne Haut Wiederauferstehung bedeutet.

Mit diesen Kalksteinformen aus der Koptischen Zeit stellte man Heiligenfiguren für kleine Statuen und Amulette her.

Holzmodell eines Mannes, der Rindfleisch brät und dabei mit einem Fächer das Feuer anfacht. Bei Ägyptern, die es sich leisten konnten, war Rindfleisch das beliebteste Fleisch.

Königliche Prinzessinnen – die Töchter Amenophis' IV. (1350–1334 v. Chr.) und seiner Gemahlin Nofretete – auf einer Wanddekoration im Königspalast von Amarna. In seinem fünften Herrschaftsjahr änderte der König seinen Namen von Amenophis („Amun ist zufrieden") in Echnaton („der dem Aton dient") und erhob den Sonnengott Aton zur alleinigen Gottheit (siehe Seite 31).

Zeittafel altes Ägypten

- Prädynastische Zeit – *bis 3150 v. Chr.*
- Die ersten Dynastien – *3150–2686 v. Chr.*
- Das Alte Reich – *2686–2181 v. Chr.*
- Erste Zwischenzeit – *2181–2040 v. Chr.*
- Das Mittlere Reich – *2040–1782 v. Chr.*
- Zweite Zwischenzeit – *1782–1570 v. Chr.*
- Das Neue Reich – *1570–1070 v. Chr.*
- Dritte Zwischenzeit – *1070–525 v. Chr.*
- Die Spätzeit – *525–332 v. Chr.*
- Griechische u. Römische Zeit – *332 v. Chr. – 641 n. Chr.*

Bemalter Kopf aus Holz aus dem Grab des Kind-Königs Tutanchamun (1334–1325 v. Chr.). Er zeigt den kindlichen Sonnengott, der aus einer Lotosblume hervorgeht.

Hölzernes Uschebti der „Frau des Hauses" Urni aus dem Neuen Reich mit hieroglyphischen Inschriften in schwarzer Tinte. Solche Grabbeigaben sollten im Jenseits auf den Verstorbenen aufpassen.

Einleitung

Dieses Buch folgt den Spuren einer beinahe 4000 Jahre währenden Zivilisation im Tal des Nils. Das alte Ägypten war eine der am längsten bestehenden Kulturen der Alten Welt. Vieles erinnert noch heute an die außerordentlichen Leistungen der damaligen Bewohner. Die mysteriöse und geheimnisvolle Cheopspyramide in Giseh, das Grab Tutanchamuns im Tal der Könige und der Rosette-Stein, mit dem moderne Archäologen ägyptische Hieroglyphen entziffern konnten, zählen zu den größten Wundern der Alten Welt. Viele weitere Tempel und Gräber, gut erhaltene Särge, Mumien, Wandmalereien und Statuen geben uns Aufschluss über das Leben der Pharaonen und ihrer königlichen Familien sowie über ihre Götter und Göttinnen. Doch nicht minder bedeutend sind Leben und Glauben der einfachen Ägypter, von den Bauern, die entlang des Nils die jährliche Überschwemmung nutzten um die große Zivilisation zu ernähren und weiterzuentwickeln, bis zu den Dorfbewohnern, die Königsgräber bauten und ausschmückten. Dieses Buch erforscht die gesamte Geschichte und Geographie dieser großartigen Kultur des alten Ägypten.

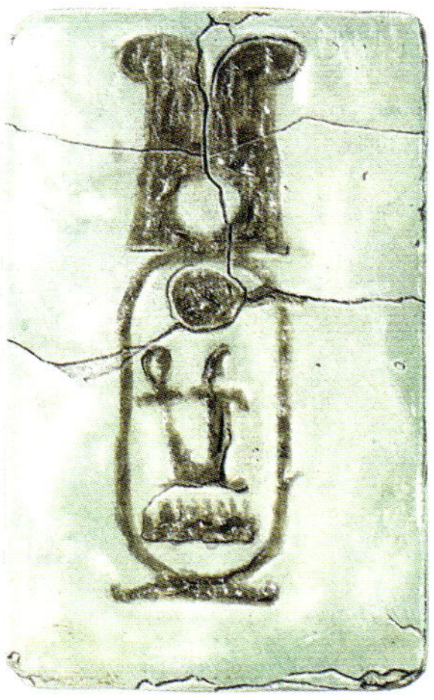

Auf zwei glasierten Ziegeln aus Fayence steht in Ovalen, so genannten Kartuschen, der Name König Sethos' I. (1291–1278 v. Chr.), des zweiten Herrschers der 19. Dynastie. Die Ziegel waren in den Fundamenten des Totentempels von Sethos vergraben.

Auf dieser Wandmalerei ist Amenophis I. (1551–1524 v. Chr.) mit allen Herrschaftssymbolen ägyptischer Könige dargestellt. Amenophis war der zweite König der glanzvollen Zeit des Neuen Reiches. Als erster Pharao ließ er einen Totentempel etwas entfernt von seiner Grabstätte errichten.

Kurz nach 2000 v. Chr., im Mittleren Reich, waren Särge eher menschenförmig als einfach rechteckig. Innen wurden sie reich verziert, oft mit Bildern von Göttern und Göttinnen.

Ägypten vor den Dynastien

Unsere Vorfahren lebten seit vorgeschichtlichen Zeiten im Niltal. Archäologen fanden an der späteren Tempelstätte Abu Simbel etwa 700.000 Jahre alte Beile. Doch leider spülten die jährlichen Überschwemmungen des Nils die meisten Spuren menschlichen Lebens aus der Vorgeschichte wieder fort. Wir wissen heute, dass um 10.000 v. Chr. Völkergruppen entlang des fruchtbaren Gebiets am Nil zogen. Sie jagten, fingen Fische und sammelten Wurzeln, Samen und Beeren. Um 5500 v. Chr. begannen sie mit dem Getreideanbau und wenig später mit der Ziegen- und Schafzucht. Ihre Ansiedlungen entwickelten sich zu kleinen Dörfern, die sich später zusammenschlossen und während des 4. Jahrtausends v. Chr. zwei voneinander unabhängige Länder bildeten. Das Gebiet um das Nildelta wird Unterägypten genannt, das weiter oben um das schmale Niltal Oberägypten. Jedes dieser Länder war ein Königreich mit eigener Hauptstadt. Wir wissen wenig über die Könige, die wahrscheinlich jahrhundertelang durch Kämpfe versuchten, ihre Macht über immer mehr Völkergruppen auszudehnen. Bis um 3100 v. Chr. gab es noch keine anerkannten Dynastien oder Herrscherfamilien, die später über das vereinigte Ägypten regierten.

Dieses bemalte Stück Leinen wurde als Leichentuch entdeckt, das um einen toten Körper gewickelt war. Es zeigt einen Mann mit Lendenschurz, dem gewöhnlich einzigen Kleidungsstück der Landarbeiter oder Handwerker. Dieser Mann, vermutlich ein Arbeiter oder Sklave, holt Wasser von einem Brunnen.

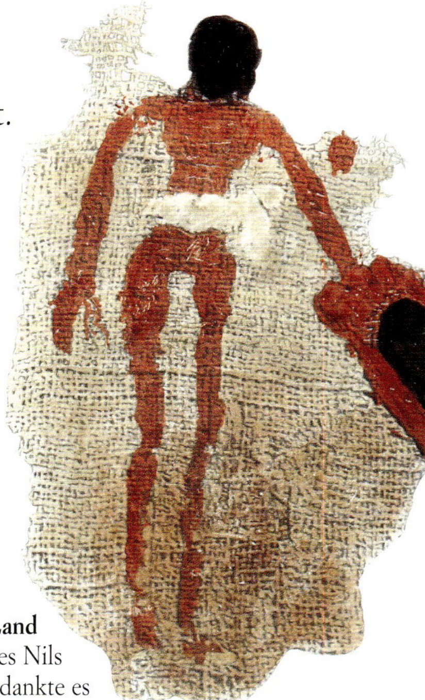

Diese Statuette einer Frau aus ungebranntem Ton stammt aus der Zeit um 3500 v. Chr. Sie ist eine von vielen kleinen Frauenstatuen, die vorgeschichtliche Völker in Ägypten (und an vielen anderen Orten) herstellten. Wegen der betont weiblichen Körperformen glauben Historiker, dass mit diesen Figuren die Gebärfähigkeit der Frauen verehrt werden sollte. Sie werden auch „Muttergöttinnen“ genannt.

Das schwarze und das rote Land

Die alten Ägypter bezeichneten das fruchtbare Gebiet entlang des Nils als „kemet“, das bedeutet „schwarzes Land“. Diesen Namen verdankte es dem dunklen Schlamm durch die jährlichen Überschwemmungen des Nils, den die Ägypter schlicht „den Fluss“ („iterw“) nannten. Sie selbst waren die „remetch en kemet“, die „Menschen aus dem schwarzen Land“. Vermutlich bedeutete die Farbe Schwarz für sie Geburt und Leben. Ihre fruchtbare Landschaft war von der trockenen, unfruchtbaren Wüste umgeben, die „deshret“ oder „rotes Land“ genannt wurde.

Jäger und Sammler

Die frühesten Bewohner des Niltales zogen als Sammler und Jäger umher und fingen Fische im Fluss. Das Klima veränderte die Gegend. So war dort, wo heute die Wüste Sahara ist, einst Sumpf und Gras. In dieser Umwelt entwickelte sich vermutlich auch die Tier- und Pflanzenwelt besser als in späteren Zeiten.

Frühe ägyptische Jäger stellten solche Schneidegeräte aus Stein her. Mit ihren scharfen Kanten wurden sie verwendet, um Fleisch zu schneiden, Tiere zu häuten und Felle abzuschaben.

Dieses Steinmesser hat eine gewellte Klinge und einen elegant geschnitzten Elfenbeingriff. Es ist ein typisches Messer aus der jüngeren Nakadakultur vor der Vereinigung Ägyptens.

Segeln auf dem Nil

In Ägypten gibt es nur wenig Holz, und so bestanden die ersten Boote und Paddel aus zusammengebundenen Schilfrohren. Mit der Zeit lernten die Ägypter, Holzboote aus den heimischen Akazienbäumen herzustellen. Als eines der ersten Völker der Welt verwendeten sie Segel. Am Anfang benutzten sie einen am Bug angebrachten Wedel aus Blättern (siehe Vase aus der jüngeren Nakadakultur, nächste Seite), danach flochten sie Schilfrohre oder -blätter zu einem richtigen Segel.

Kleines Tonmodell eines Bootes mit Passagier aus der Zeit um 3000 v. Chr.

Auch wenn diese Figur wie eine moderne Frauenstatue mit Bikini und Sonnenbrille aussieht, wurde sie doch bereits vor über 6000 Jahren von den alten Ägyptern hergestellt. Sie war wie die andere Frauenstatuette (links oben) vermutlich eine Kultfigur oder eine Muttergöttin.

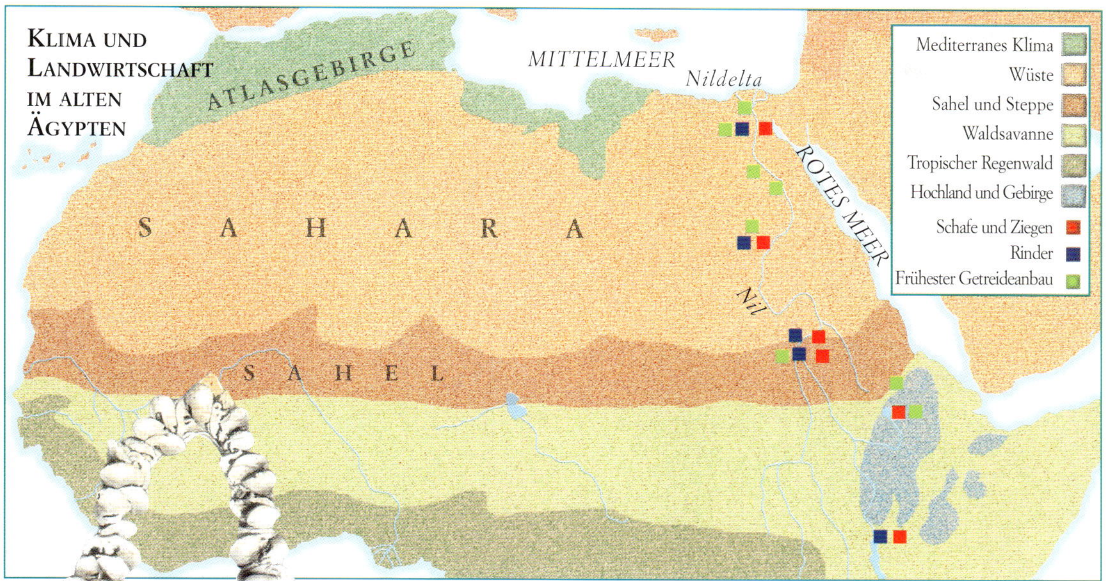

Frühe Landwirtschaft
Ab etwa 5500 v. Chr. bauten die Dorfgemeinschaften in der Nähe des Nils selbst Weizen und Gerste an, anstatt Getreidepflanzen nur zu sammeln. Zuerst bauten sie, je nach Überschwemmung und Ernteertrag, den Bedarf für sich selbst und ihre Familien an. Der gute Boden war normalerweise für mindestens zwei Ernten jährlich geeignet. Die Dorfbewohner hielten Rinder für Fleisch und Milch. Schafe und Ziegen lieferten Wolle und Fell. Schon bald bauten die Bauern Kanäle, die vom Nil durchströmt und als Wasserspeicher verwendet wurden.

Die Jungsteinzeit (Neolithikum)
Ägyptologen teilen die ägyptische Jungsteinzeit (um 5500–3100 v. Chr.) in drei Abschnitte. Der früheste wird nach einer Grabungsstätte in Oberägypten Badari genannt. Dort hielten die Menschen Schafe, Ziegen und Schweine, trugen Leinenkleider (vermutlich von Männern genäht, da Nadeln aus Knochen nur in Männergräbern gefunden wurden) und Schmuck, stellten Frauenstatuetten und schwarz geränderte Vasen her. Danach folgten die ältere und die jüngere Nakadakultur. Die Menschen der älteren Nakadakultur lebten wie die der frühen Badarizeit, hielten aber zusätzlich Esel und Rinder und bauten ihre Häuser aus Ziegeln. In der jüngeren Nakadakultur ging die Entwicklung, beeinflusst von den Nachbarvölkern in Syrien und Mesopotamien, weiter.

Oben: Holzmodell eines Bootes und ein Pfeil aus einer vorgeschichtlichen Grabstätte.

Halskette mit Muscheln aus dem Nil. Das Armband, zu dem es auch die passende Kette gibt, besteht aus Knochenperlen und blaugrüner Fayence.

Unten: Dieser Mann, der wegen seiner Haarfarbe als „Ingwer" bezeichnet wird, wurde in vorgeschichtlicher Zeit begraben.

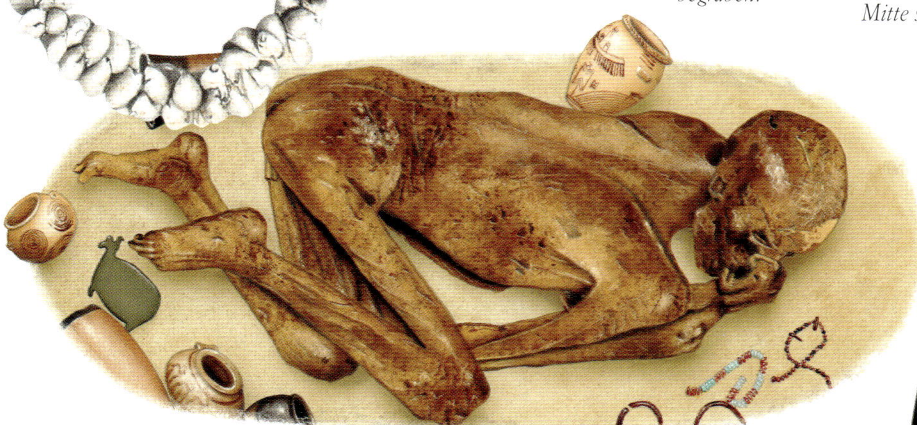

Diese große Vase mit dunklen Figuren ist typisch für die jüngere Nakadakultur. Sie zeigt ein Boot mit Gazellen, einen Vogel und eine Frau mit erhobenen Armen. Das Symbol mit dem Doppelpfeil in der Mitte stellt vermutlich einen Gott dar.

Unten: Schwarz geränderte Vase aus der Badarikultur um 4500 v. Chr.

Vorgeschichtliche Bestattungen
In dieser frühen Periode begruben die Ägypter ihre Toten in nach rechts eingerollter Stellung direkt im Wüstensand. Die Wärme des Sandes entzog dem Körper die Feuchtigkeit und verhinderte dessen Zersetzung. Grabbeigaben wie Keramiken, Paletten, Schmuck, Statuetten und persönliche Gegenstände wurden um den Körper herum gelegt.

Zähne von Nilpferden, ausgehöhlt oder abgeflacht und beschnitzt, waren häufige Grabbeigaben. Vermutlich hatten sie für die Ägypter magische Kräfte, die den Toten helfen sollten.

Diese Körbe wurden in vorgeschichtlichen Gräbern gefunden. Vermutlich enthielten sie Speisen für das Leben nach dem Tod.

Unten: Rote Schale mit zwei weißen Krokodilen, typische Keramik aus der älteren Nakadakultur.

Die ersten Dynastien

Mit König Narmer begann um 3100 v. Chr. die 1. Dynastie. Er wurde sowohl mit dem legendären König Menes als auch mit dem Falkengott Horus, dem Hauptgott des Königtums, in Verbindung gebracht. Der zweite König, dessen Name Aha so viel wie „Kämpfer“ bedeutet, könnte Narmers Sohn gewesen sein. Über einen Zeitraum von etwa 200 Jahren herrschte eine Reihe von vermutlich acht Königen über das neu vereinigte Ägypten. Um 2950 v. Chr. regierte vermutlich Merenith, König Dens Mutter, das Reich so lange, bis ihr Sohn alt genug war um die Macht zu übernehmen. Der letzte der ungefähr sieben Könige der 2. Dynastie (um 2890–2686 v. Chr.) war Chasechemui, der in einer kunstvoll verzierten, beinahe 70 Meter langen Grabstätte neben einem mit Lehmziegeln eingefriedeten Friedhof beigesetzt wurde. Das wenige, das wir vom Leben der frühen Könige wissen, stammt aus ihren Gräbern. Chasechemuis Grab enthielt beispielsweise als Erstes eine Statue des Königs und Gefäße aus Bronze, durch welches das früher verwendete Kupfer ersetzt wurde.

Fragment einer Schieferpalette. Diese flache, gemeißelte Steinplatte aus der Zeit um 3100 v. Chr. wurde bei Tempelzeremonien verwendet. Die Tiere schafften vermutlich nach einem erfolgreichen Kampf gegen die Libyer die Kriegsbeute fort.

König Skorpion
Einer der ersten Herrscher Oberägyptens, noch vor der Vereinigung der beiden Reiche, wurde König Skorpion genannt, da er auf einem Keulenende aus Kalkstein (rechts) aus einem Grab in Abydos mit einem Skorpion dargestellt ist. Das birnenförmige Steinstück aus der Zeit um 3150 v. Chr. wurde an einem Holzstab befestigt, um es so in eine keulenartige Waffe zu verwandeln. Es zeigt den frühen König mit der weißen Krone, der vermutlich mit Helfern einen Bewässerungskanal gräbt.

Doppelkrone, weiße und rote Krone
Die Könige der beiden vereinigten Reiche trugen eine Doppelkrone. Dadurch wurden geschickt die kegelförmige weiße Krone Oberägyptens und die offenere rote Krone Unterägyptens zusammengefügt.

Die Doppelkrone des vereinigten Ägypten

Die rote Krone Unterägyptens

Die weiße Krone Oberägyptens

Statuette aus Elfenbein mit einer Darstellung eines Königs der 1. Dynastie, der die weiße Krone Oberägyptens und eine verzierte Zeremonienrobe trägt.

Der erste König der 1. Dynastie
König Narmer regierte um 3150 v. Chr. als Erster über die beiden Länder Ägyptens. Viele Gelehrte halten ihn für den Reichseiniger und Gründer der Hauptstadt Memphis. Sie glauben, dass es sich bei ihm um dieselbe Person wie Menes handelt, der laut Überlieferung der erste Herrscher überhaupt ist. Die unversehrt gefundene Palette aus Schiefer (rechts) zeigt auf einer Seite Narmer mit der oberägyptischen Krone, der auf einen Fremden einschlägt. Auf der anderen Seite (unten) trägt er die unterägyptische Krone auf dem Kopf und marschiert mit Standartenträgern auf eine Gruppe enthaupteter Gefangener zu. Historiker listen Narmer als ersten König der 1. Dynastie Ägyptens auf.

Oben: Narmer-Palette (Seite A)

Unten: Narmer-Palette (Seite B, Ausschnitt)

Oberägypten und Unterägypten

Unterägypten reichte vom Mittelmeer bis nach Memphis. Dort fächerte sich der Nil in zahlreiche kleinere Arme auf, die ein Delta bilden. Oberägypten umfasste die über 700 Kilometer südlich von Memphis entlang des Niltals bis nach Assuan und zur Insel Elephantine. Seit der Zeit der ersten Dynastien war Oberägypten in 22 Provinzen mit eigener Hauptstadt aufgeteilt. Unterägypten bestand aus 20 Provinzen späteren Ursprungs. Im Nildelta entstanden Dörfer auf sandigen Anhöhen zwischen den schmalen Armen des Flusses. Im Laufe der Zeit nutzten die Bewohner immer mehr Land für den Getreideanbau.

Steinvase (rechts) aus der 1. Dynastie mit vergoldetem Rand. Die alten Ägypter hatten Steinbrüche in der Wüste und waren Fachleute im Bearbeiten von harten Gesteinen. Sie bearbeiteten kostbare Steine und schufen erlesene Dinge wie löwenförmige Spielfiguren aus Elfenbein, Ketten und andere Schmuckstücke.

Gräber

Im gesamten Gebiet des alten Ägypten stießen Archäologen bei ihren Ausgrabungen auf Grabstätten. Leider wurden die meisten von ihnen vor vielen hunderten oder sogar tausenden Jahren geplündert, aber noch immer erzählen sie eine ganze Menge von der frühen ägyptischen Geschichte. Nicht lange bevor die Zeit der Dynastien begann, wurden, wie in Nakada, erstmals große Gräber für wichtige Persönlichkeiten errichtet. Die größten von ihnen waren mit Ziegeln ausgekleidet und mit Wandmalereien geschmückt. Acht Könige der 1. Dynastie wurden in Abydos beigesetzt. Die Grabkammer des dritten Königs Djer, der um 3040 v. Chr. regierte, hatte einen Fußboden aus Holzplanken. Die Gräber der Nachfolger von Djer in Abydos bestanden aus zahlreichen Kammern mit verschiedenen Grabbeigaben wie Steinvasen, Kupferschalen, Goldarmbändern, Waffen, Geräten, Möbeln und Speisen. In Sakkara, in der Nähe von Memphis, befanden sich ausgearbeitete Gräber für die fürstlichen Herrscher der Deltaregion.

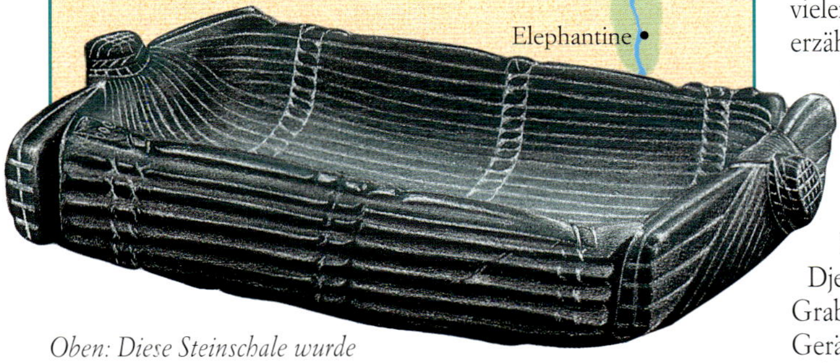

Oben: Diese Steinschale wurde in Form eines Korbes gemeißelt.

Oben: Dieses Schildchen aus Elfenbein zeigt den fünften König der 1. Dynastie Den, der einen asiatischen Feind bekämpft. Die Inschrift lautet: „Erste Eroberung im Osten“. Das Schildchen war in einem Grab an einem Paar Sandalen angebracht, die auf der anderen Seite abgebildet sind.

Diese zylindrischen Siegel wurden verwendet, um Besitz und Autorität zu zeigen.

Die frühesten ägyptischen Särge bestanden, wie hier dargestellt, aus gebündeltem Schilf oder waren einfache Holzkonstruktionen. Der Körper wurde, wie bei der Beisetzung direkt im Wüstensand, seitlich mit gebeugten Beinen hingelegt.

Steinstatue von Sahure (2491–2477 v. Chr.) mit einem lokalen Gott aus Koptos, einer Tempelstätte und Stadt am Ostufer des Nils. Sahure, der zweite König der 5. Dynastie, wurde in der Nähe von Memphis, der Hauptstadt im Alten Reich, begraben.

Das Alte Reich

Im Alten Reich herrschten vier Königsdynastien, deren Regierungszeit um 2686 v. Chr. begann und bis 2181 v. Chr. dauerte. In diesen 500 Jahren war das Reich mit der Hauptstadt Memphis sehr mächtig und wohlhabend. Es wurde als persönliches Eigentum des Königs angesehen, die gesamte Regierung war eine Erweiterung der königlichen Hofhaltung. Der Königspalast und später der König selbst wurden „per-aa" („großes Haus") genannt, woraus sich die Bezeichnung „Pharao" ableitet. Ägypten war noch immer in Provinzen unterteilt, deren Herrscher aus adeligen Familien gewählt wurden. Zur Zeit des Alten Reichs wurden viele Pyramiden, darunter auch die Cheopspyramide, gebaut. In der 5. und 6. Dynastie gestanden die Könige ihren höchsten Beamten Land zu, wodurch ihre eigene Macht geschwächt wurde. Danach führten die ausbleibenden Überschwemmungen des Nils einige Jahre lang zu Hungersnot im Land. Das Alte Reich brach zusammen und wurde erneut zwischen rivalisierenden Dynastien Ober- und Unterägyptens aufgeteilt.

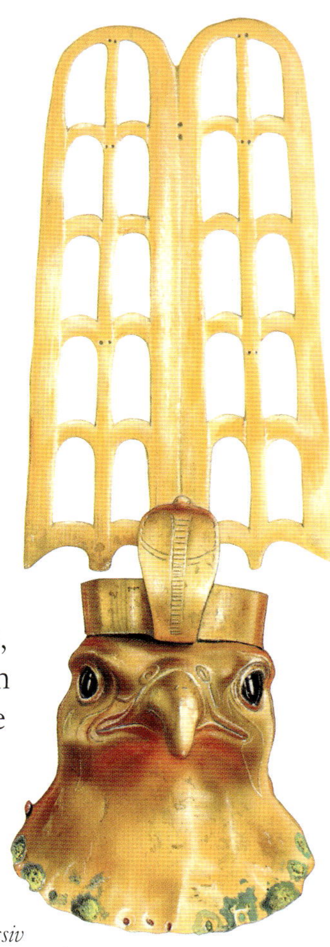

Dieser goldene Falkenkopf mit der massiv goldenen Federkrone wurde in einer Tempelstätte des Horus gefunden. (Vermutlich handelte es sich um den Kopf einer Kultstatue des Gottes.) Er ist ein wunderschönes Beispiel für die Metallarbeiten im Alten Reich.

Pyramidenbauer
Die erste Pyramide, die Stufenpyramide von Sakkara, wurde im Alten Reich zu Beginn der 3. Dynastie für König Djoser (2667–2649 v. Chr.) gebaut. Die drei berühmten Pyramiden von Giseh (rechts, gemeinsam mit den drei kleineren Königinnenpyramiden) wurden in der 4. Dynastie als Königsgräber errichtet. Die besten Techniker, Steinmetze und Bildhauer arbeiteten jahrelang mit tausenden von Gehilfen daran. Diese waren größtenteils Bauern, die glaubten, dass sich der König auch weiterhin um sie kümmern werde, wenn sie ihn bei seiner Reise in das Jenseits unterstützten.

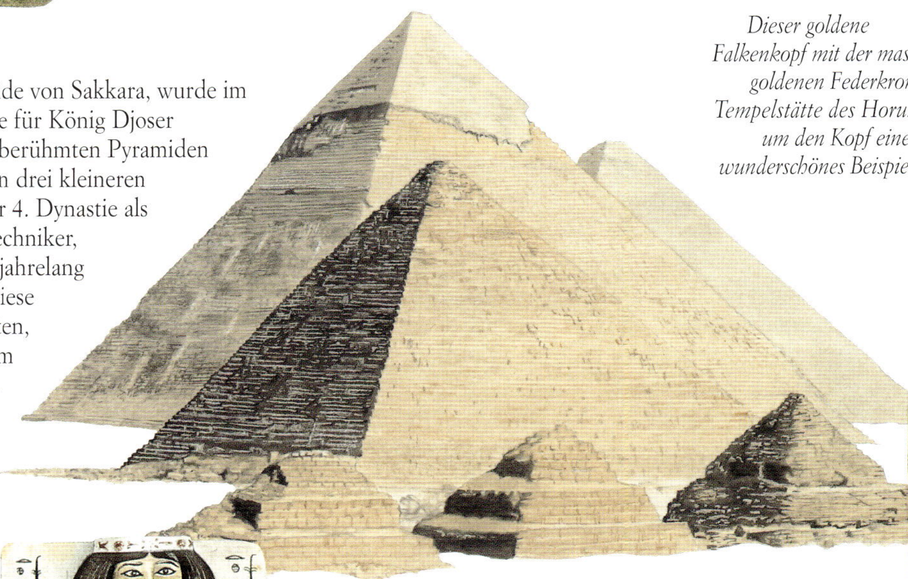

Die Gott-Könige
Im Alten Reich, einer Zeit voller Erfolg und Reichtum, glaubten die Ägypter, dass ihr König ein lebendiger Gott wäre. Zu Lebzeiten setzte man ihn mit Horus, dem Gott mit dem Falkenkopf, gleich. Nach seinem Tod wurde der König dann mit Osiris, dem Vater des Horus und Gott des Todes und der Auferstehung in Verbindung gebracht.

In der Seitenansicht (links) der rechts abgebildeten Statue Chephrens sieht man Horus hinter dem Haupt des Königs. Er breitet schützend seine Flügel um den Hals Chephrens aus und verleiht ihm so höchste Macht.

Bemalte Statuen
Auf bemalten Statuen wurden Männer mit rotbrauner Haut, die Frauen mit blassgelber dargestellt. Die Gesichter wurden immer lebensechter dargestellt, auch aufgrund der Augen aus eingelegtem Quarz und Kristallen. Diese waren so wirkungsvoll, dass viele Grabplünderer sie als Erstes entfernten, um bei ihrer Arbeit nicht gesehen zu werden.

Diese lebensgroßen Statuen aus Kalkstein stammen aus der Zeit um 2610 v. Chr. Sie zeigen Rahotep und seine Gemahlin Nofret, den Sohn bzw. die Schwiegertochter Snofrus, dem ersten König der 4. Dynastie.

Diese lebensgroße Statue aus Diorit zeigt Chephren (2558–2532 v. Chr.), den Erbauer der zweiten Pyramide von Giseh, auf seinem Löwenthron.

Dieses Fragment eines bemalten Kalksteinreliefs aus der Zeit um 2475 v. Chr. zeigt einen hohen Tonkrug und einen syrischen Bären an der Leine. Sie wurden vielleicht von einer ägyptischen Jagdgesellschaft in Syrien gefasst, waren Geschenke oder wurden im Tauschhandel erworben.

Der Palermo-Stein

Dieses Fragment gehörte zu einer über zwei Meter langen und 60 cm breiten Steinplatte. Während der 5. Dynastie (2613–2498 v. Chr.) wurden darauf alle ägyptischen Könige, aber auch wichtige religiöse Feierlichkeiten, militärische Feldzüge und das Errichten königlicher Statuen aufgelistet. Die senkrechten Elemente sind hieroglyphische Zeichen für die einzelnen Regierungsperioden, und ein Kästchen unter jeder Gruppe erinnert an den Stand der Nilüberschwemmungen.

Der Palermo-Stein ist im Archäologischen Museum von Palermo in Sizilien ausgestellt, daher sein moderner Name.

Außenpolitische Missionen

In der 5. Dynastie segelte eine Gruppe ägyptischer Händler in Richtung Osten (an die Küste des heutigen Libanon). Sie waren wahrscheinlich am dort vorhandenen Zedernholz interessiert, das sich sowohl für seetaugliche Schiffe als auch für Särge gut eignete. Dabei stießen sie vermutlich auch zu den inneren, gebirgigen Regionen vor, in denen Bären herumstreiften (siehe oben). In dieser Zeit entsandten die Ägypter auch kriegerische Truppen in die westliche Wüste, das heutige Libyen.

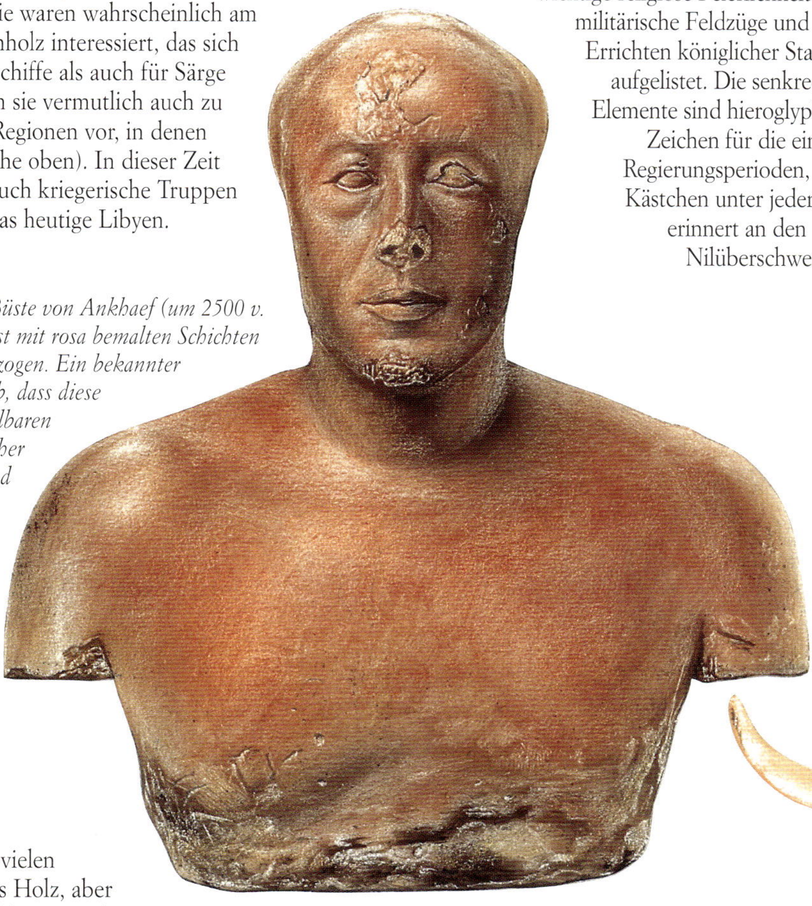

Diese naturgetreue Büste von Ankhaef (um 2500 v. Chr.) aus Kalkstein ist mit rosa bemalten Schichten aus Stuck überzogen. Ein bekannter Kunsthistoriker schrieb, dass diese Büste die unverwechselbaren Eigenschaften ägyptischer Kunst übertrifft und durch ihren zeitlosen Charakter zu den Meisterwerken dieser Welt zählt.

Holzarbeiten

Im Alten Reich gab es in vielen Gräbern Möbelstücke aus Holz, aber nur wenige Beispiele sind heute noch erhalten. Eine Ausnahme bildet diese Truhe mit Einlegearbeiten aus der 4. Dynastie, die von großem handwerklichen Können zeugt. Die Handwerker verwendeten alle Arten von Tischlerwerkzeugen. Vermutlich lernten die Steinmetze technisch viel von den frühen Zimmerleuten. Die meisten Häuser im Alten Reich waren mit Holztischen, Sesseln und Ständern für die Töpfe eingerichtet.

Die alten Ägypter verwendeten anstelle eines Kopfkissens eine u-förmige Kopfstütze.

Holzkiste

Tasse

Kleiner Kosmetikbehälter (für schwarzes Puder)

Holzschlägel

Ausschnitt aus einem Gipsfries mit einer Gänseschar, das um 2630 v. Chr. gemalt wurde. Der Fries zeigt auch einen Jäger, der mit seinem Netz im Sumpf Wasservögel fängt. Dieses in der Malerei sehr häufige Motiv beweist das Können des Künstlers.

Das Zeitalter der Pyramiden

Mit dem Bau der Stufenpyramide in Sakkara um 2660 v. Chr. für den zweiten König des Alten Reiches begann das größte Zeitalter des Monumentalbaus im alten Ägypten. Ungefähr 100 Jahre später wurde die größte Pyramide, die Cheopspyramide, etwas weiter nilabwärts in Giseh errichtet. Diese bemerkenswerten Steinkonstruktionen waren jedoch nicht nur Denkmäler für die Toten, sondern Grabstätten, die den ersten Hügel der Schöpfung darstellten. An diesen Orten konnte sich der tote König in einen ewigen Geist verwandeln und jeden Tag in den Himmel ziehen. Manche glaubten, dass es sich bei diesen geheimnisvollen Bauten um Sternwarten oder riesige Sonnenuhren handelte. Mit dem Ende des Alten Reiches endete auch das Zeitalter des Pyramidenbaus, obwohl diese Tradition später wieder auflebte. Die letzten Pyramiden wurden einige Jahrhunderte danach für nubische Könige in dem südlich gelegenen Land errichtet, das die Ägypter Kusch nannten.

Diese Stele zeigt den sitzenden König Snofru, den größten Pyramidenbauer der ägyptischen Geschichte. Nach seiner ersten Pyramide in Meidum ließ er zwei Pyramiden in Dahschur errichten – die Knickpyramide und die Rote Pyramide. Snofru war der Vater von Cheops, für den die Cheopspyramide in Giseh erbaut wurde.

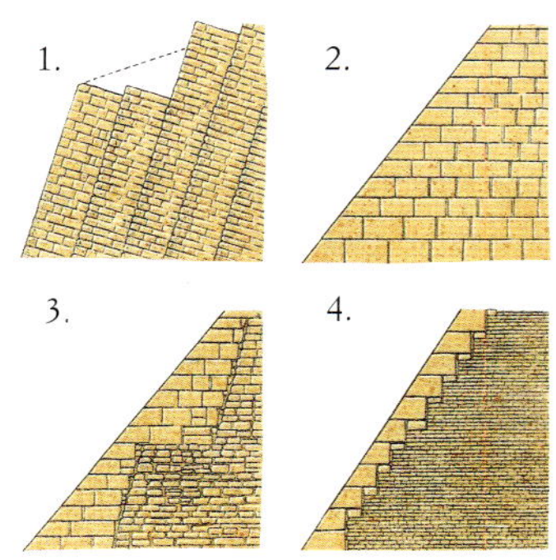

1. Viele der frühesten Pyramiden bestanden aus schräg übereinander liegenden senkrechten Steinschichten. 2. Ab der 4. Dynastie schichtete man größere Steinblöcke horizontal auf. 3. Später füllte man Pyramiden mit grobem Mauerwerk. 4. Die letzten Pyramiden waren mit Lehmziegeln gefüllt und außen mit Mantelsteinen verkleidet.

Die Pyramide in Meidum wurde unter der Herrschaft König Snofrus (2613–2589 v. Chr.) erbaut. Heute erscheint sie stufenförmig, da die sie umhüllenden Mantelflächen verloren gingen. Sie war die erste echte Pyramide mit geglätteten Seitenwänden.

Die große Stufenpyramide für Körig Djoser in Sakkara ist 60 Meter hoch. Sie stellt wahrscheinlich den ersten monumentalen Steinbau der Menschheitsgeschichte dar.

Der Bau einer Pyramide
Bei den Pyramiden handelt es sich sowohl in technischer als auch in baulicher Hinsicht um enorme Meisterleistungen. Die Cheopspyramide besteht aus 2,3 Millionen Kalksteinblöcken, von denen jeder mindestens 2,5 Tonnen wiegt. Vermutlich waren ungefähr 30.000 Männer über 20 Jahre lang mit dem Bau beschäftigt. Sie brachten die Blöcke mit Rampen, Rollen und Holzschlitten an ihren Platz und fügten sie eng zusammen. Wahrscheinlich gab es eine große Materialrampe auf einer Seite der Pyramide oder kleinere Rampen, die rund um den Bau verliefen.

Stufenpyramiden
Die erste Pyramide war die vom Architekten Imhotep entworfene, große Stufenpyramide für König Djoser. Andere Könige der 3. Dynastie ließen ebenfalls Stufenpyramiden errichten, bevor Snofru aus der 4. Dynastie die erste wirkliche Pyramide erbauen ließ. Die Stufenpyramiden bestanden aus einer Reihe von rechteckigen Stufen, die übereinander um einen Baukern aus Steinen aus der Wüste gelegt wurden. Darunter befand sich die in einen Fels geschlagene Grabkammer. Die Pyramiden wurden mit geschliffenem Kalkstein verkleidet, um ihnen – wie später den echten Pyramiden – eine glatte und glänzende Oberfläche zu verleihen.

Die von Snofru erbaute Knickpyramide in Dahschur wäre die höchste von allen, wenn sich ihr Neigungswinkel nicht auf halber Höhe ändern würde. Das liegt wahrscheinlich daran, dass die Fundamente das Gewicht der Konstruktion nicht tragen konnten.

Die drei großen Pyramiden von Giseh. Die größte von ihnen, die Cheopspyramide (König Cheops 2589–2566 v. Chr.), ist 147 Meter hoch und an jeder Grundseite 230 Meter lang. Sie ist das älteste der sieben Weltwunder und das einzige, das heute noch steht.

Giseh
Die Pyramide für König Cheops war die erste und größte in Giseh. In ihrem Inneren sind zwei Grabkammern, eine dritte, unterirdische blieb unvollendet. In der so genannten Königskammer wurde ein Sarkophag aus rotem Granit gefunden, doch das Grab wurde in alten Zeiten geplündert. Die zweite Pyramide wurde für König Chephren, den Sohn Cheops', und die dritte und kleinste für dessen Sohn Mykerinos (2532–2504 v. Chr.) gebaut. Zur Anlage gehören die kleineren „Königinnenpyramiden“, die vermutlich für die königliche Gemahlinnen errichtet wurden, ebenso wie Gruppen von Gräbern für die anderen Mitglieder der Königsfamilie und hochrangige Beamte.

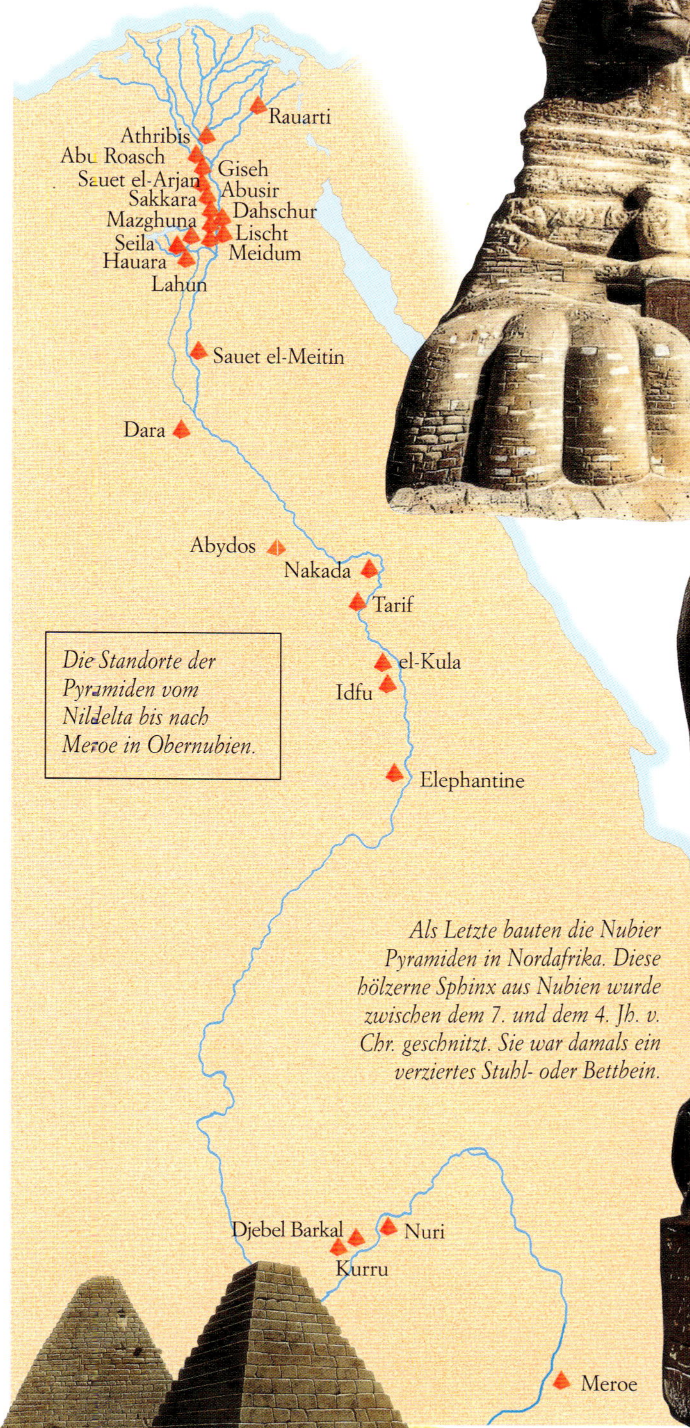

Die Standorte der Pyramiden vom Nildelta bis nach Meroe in Obernubien.

Die Sphinx von Giseh ist 20 Meter hoch und 73 Meter lang. Sie vereint den Körper eines Löwen und den Kopf eines Menschen, wahrscheinlich den König Chephrens. Vermutlich wurde sie unter dessen Herrschaft erbaut, da sie neben dem Damm steht, der zu seiner Pyramide führt. Doch manche Wissenschaftler glauben, dass sie viel älter sein könnte.

Scheintüren, wie diese in einem Grab aus der Zeit um 2330 v. Chr., befanden sich vor der tief im Inneren der Pyramide liegenden Grabkammer des Königs. Dieses, einer zweiflügeligen Tür gleichende Steinpaneel in einer Nische gab dem Geist des Königs den Weg nach außen frei, damit er die täglichen Opfergaben im Tempel genießen konnte.

Als Letzte bauten die Nubier Pyramiden in Nordafrika. Diese hölzerne Sphinx aus Nubien wurde zwischen dem 7. und dem 4. Jh. v. Chr. geschnitzt. Sie war damals ein verziertes Stuhl- oder Bettbein.

Die kleinen, steilen nubischen Pyramiden, wie diese in Meroe, wurden zwischen 300 und 350 v. Chr. gebaut. Während dieser Zeit wurde Nubien von den Aksumiten erobert. Unter den Pyramiden befanden sich königliche Grabkammern.

Späterer Pyramidenbau

Hunderte von Jahren nachdem die letzten Pyramiden weiter nilabwärts gebaut waren, ließen die Könige von Nubien – das die Ägypter Kusch nannten – ihre steileren Pyramiden in Nuri und an anderen Stätten errichten (siehe Karte links). Könige und Königinnen wurden hier mumifiziert und unter ihren Pyramiden beigesetzt. Mit ihnen auch viele Diener, die sich scheinbar freiwillig geopfert hatten, um in der nächsten Welt weiter dienen zu können. Die Schätze aus den nubischen Pyramiden wurden vor langer Zeit geraubt und ihre Steine geplündert, einige wurden jedoch in modernen Zeiten rekonstruiert.

Pyramidenstädte

Die großen Pyramidenanlagen waren keine abgelegenen Monumente. In der Nähe von jeder befand sich eine eigene Stadt, in der Priester, Beamte und Wächter lebten, gemeinsam mit allen, die sie unterstützten und versorgten. Durch diese Menschen war es möglich, dass die Pyramide wirklich als ritueller Mittelpunkt funktionierte. Diese Städte waren vermutlich von den nur vorübergehend existierenden Siedlungen getrennt, in denen die vielen Arbeitskräfte für den Bau der Pyramiden untergebracht wurden. Einige Handwerker waren auf den Pyramidenbau spezialisiert, doch die meisten Arbeiter waren Bauern, die während der Jahreszeiten, in denen es weniger Arbeit gab, zur Belegschaft hinzukamen.

Es gehörte zu den Aufgaben der Priester, sich um die Pyramidenanlage zu kümmern. Auf diesem Relief aus der Zeit um 2300 v. Chr. bringen Priester Opfer für den Verstorbenen dar.

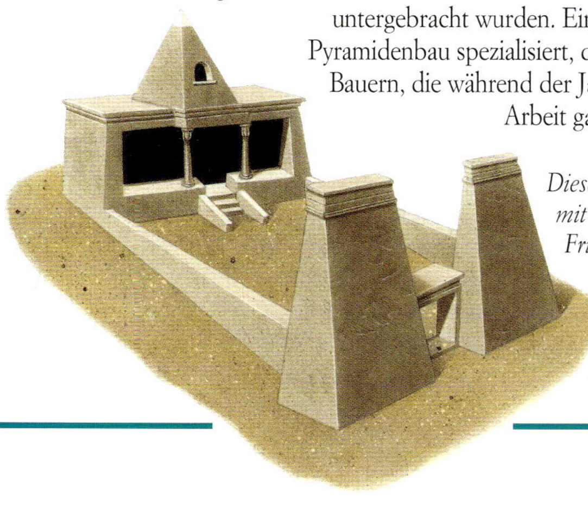

Diese Rekonstruktion zeigt ein Grab mit einer kleinen Pyramide im Friedhof von Deir el-Medineh. Dieses Dorf wurde für Künstler und Handwerker errichtet, die an den Königsgräbern im Tal der Könige arbeiteten.

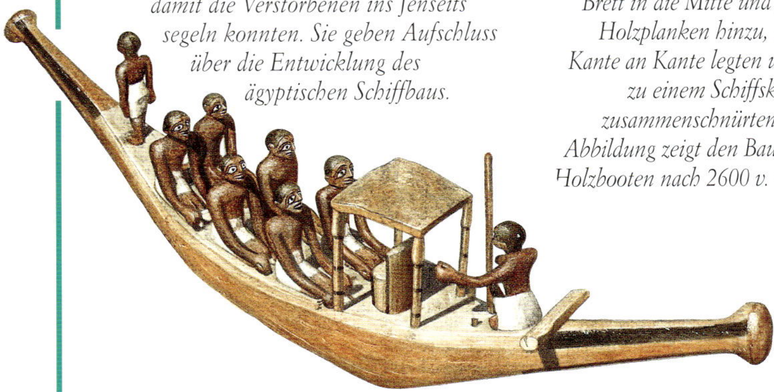

Modellboote wurden häufig in Gräber gelegt, damit die Verstorbenen ins Jenseits segeln konnten. Sie geben Aufschluss über die Entwicklung des ägyptischen Schiffbaus.

Ägyptische Schiffbauer nahmen ein Brett in die Mitte und fügten Holzplanken hinzu, die sie Kante an Kante legten und so zu einem Schiffskörper zusammenschnürten. Die Abbildung zeigt den Bau von Holzbooten nach 2600 v. Chr.

Der Nil – Fluss des Lebens

Der Nil bedeutete alles für die alten Ägypter. Sie nannten ihn schlicht „den Fluss" („iterw") und richteten ihr ganzes Leben nach ihm aus. Ihr Kalenderjahr begann mit der jährlichen Überschwemmung, deren Schlamm das Land fruchtbar machte. Ohne sie wäre Getreideanbau in der trockenen Wüste unmöglich gewesen. Der Fluss stellte für die Ägypter auch die bequemste und schnellste Transportverbindung dar. Bereits in vorgeschichtlicher Zeit bauten sie Boote, zuerst aus Schilf und später aus Holz. Anfangs verwendeten sie Paddel, dann Ruder, und schließlich nutzten sie mit Segeln den Wind. Diese kamen ihnen besonders bei ihren Reisen in den Süden zugute, da der Wind vorwiegend in diese Richtung wehte. Um nach Norden zu gelangen, ließen sie sich einfach mit der Strömung flussabwärts treiben.

Auf diesem Bild ist der Nil als blauer Mann dargestellt. Er ist mit Wellen bedeckt, die die Bewegung des Wassers zeigen. Der Palmenschaft in seiner Hand ist das hieroglyphische Zeichen für „Jahr".

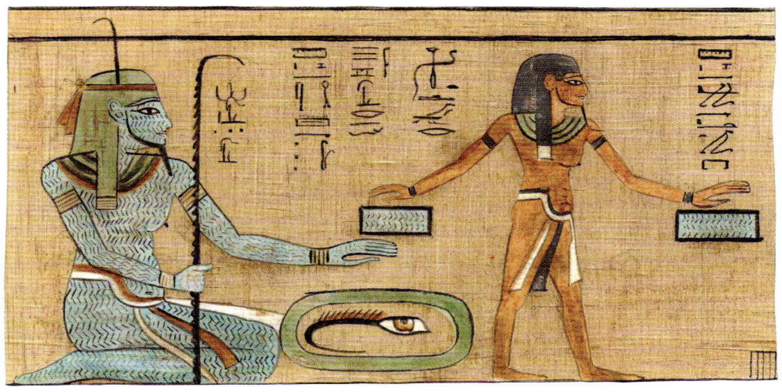

Der Lauf des Flusses

Der Nil ist mit einer Länge von 6670 Kilometern der längste Fluss der Welt. Seine beiden Hauptarme werden aufgrund der unterschiedlichen Wasserfarbe Weißer Nil und Blauer Nil genannt. Der Weiße Nil entspringt als Kagera-Fluss im heutigen Burundi. Er mündet in den Viktoriasee und strömt von dort aus Richtung Norden. In Khartum, der Hauptstadt des heutigen Sudan, trifft er auf den schnell fließenden Blauen Nil. In alten Zeiten floss er dann zwischen Khartum und Assuan weiter über eine Reihe von sechs Katarakten oder felsigen Stromschnellen.

Boote auf dem Nil

Anfangs entwickelten die Ägypter ihre Boote für den Gebrauch auf dem Nil. Erst viel später kamen die Schiffbauer auf den Gedanken, seetaugliche Schiffe zu bauen. Um 4500 v. Chr. bauten die vorgeschichtlichen Ägypter Flöße aus zusammengebundenen Schilfrohren, die sie mit Paddel antrieben und steuerten. Ungefähr 1000 Jahre später fügten sie ein quadratisches Segel hinzu, das vermutlich aus Schilf geflochten wurde. Ab 3000 v. Chr. verwendeten sie Holz für ihre Schiffe, wahrscheinlich um sie für den Transport der massiven Kalksteinblöcke für den Gräberbau stabiler zu machen. Durch die Einfuhr von Zedernholz aus dem Libanon, das sich besser als das heimische Akazienholz eignete, wurden die Holzboote enorm verbessert.

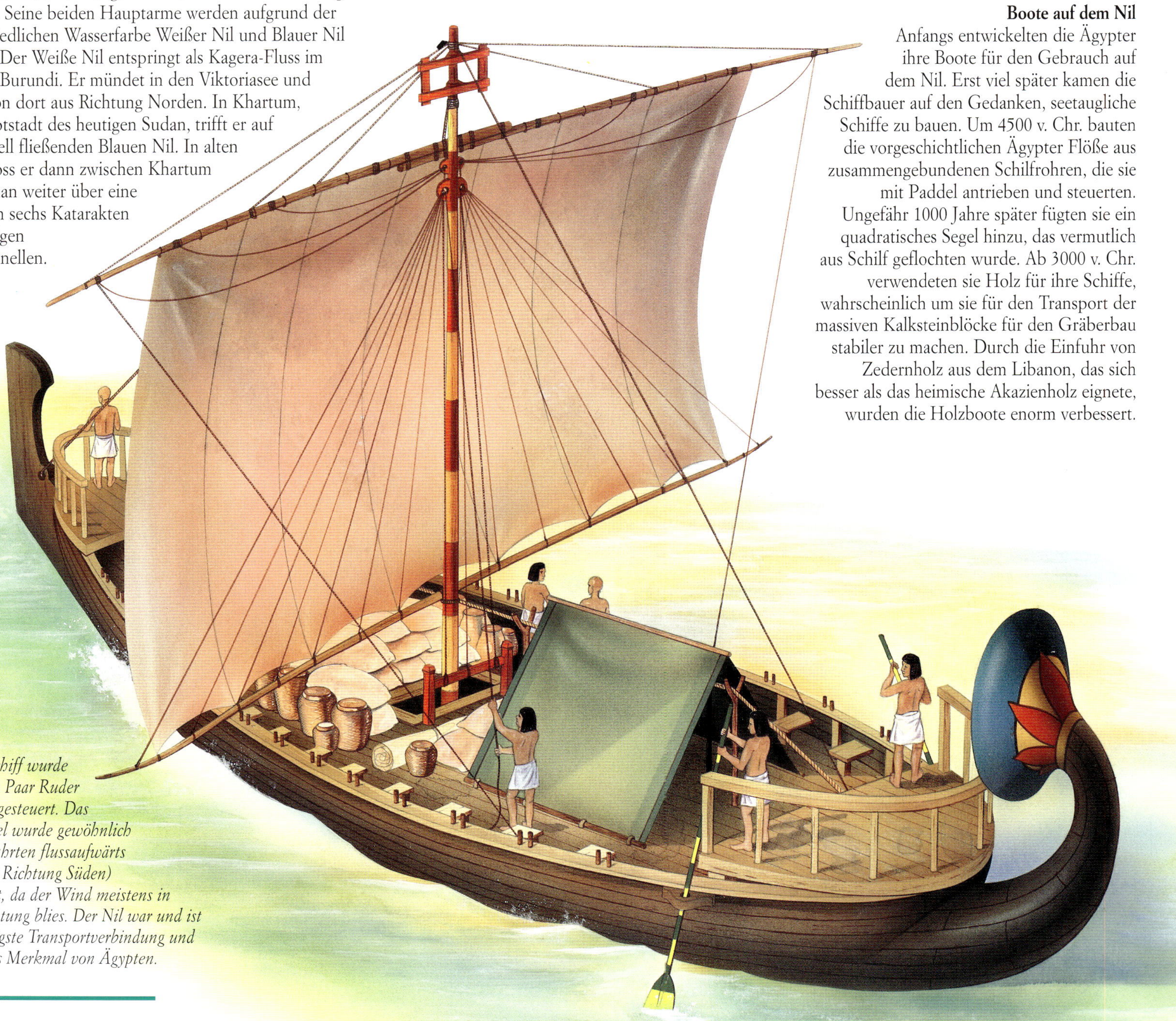

Dieses Handelsschiff wurde mit einem Paar Ruder am Heck gesteuert. Das große Segel wurde gewöhnlich nur für Fahrten flussaufwärts (das heißt Richtung Süden) verwendet, da der Wind meistens in diese Richtung blies. Der Nil war und ist die wichtigste Transportverbindung und einigendes Merkmal von Ägypten.

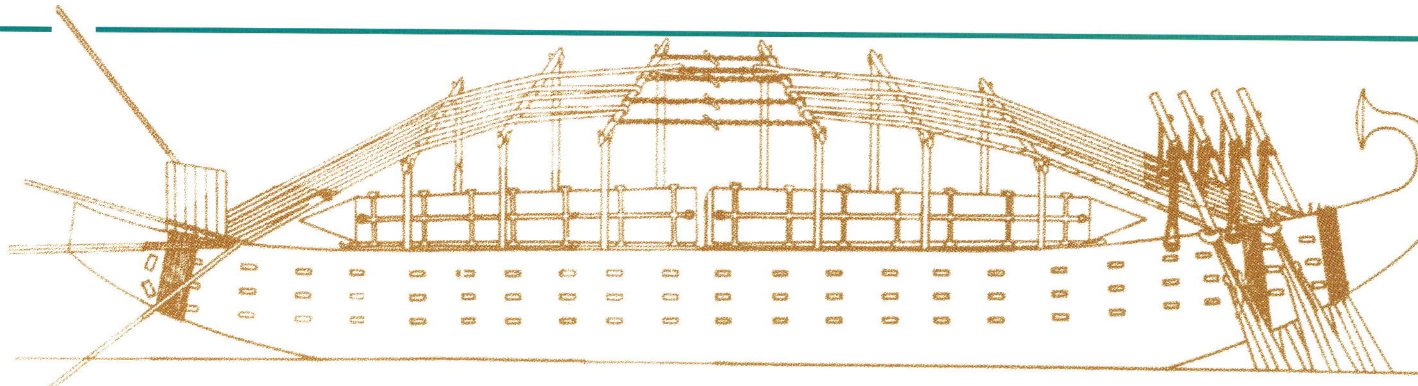

Große Holzkähne wurden für den Transport riesiger Steinblöcke von den Steinbrüchen zur entsprechenden Baustelle verwendet (auf dieser Abbildung werden zwei Obelisken transportiert).

Drei Jahreszeiten
In Ägypten bildete der Zyklus des Nils die Grundlage für ein Jahr, das aus drei Jahreszeiten mit je vier Monaten bestand und Mitte Juli begann. In der ersten Jahreszeit „akhet“ trat der Fluss über die Ufer und das Land wurde mit reichhaltigem, Leben spendendem Schlamm bedeckt. In dieser Zeit konnten die Bauern ihre Felder nicht bewirtschaften, und so betätigten sich viele als Bauarbeiter. In der zweiten Jahreszeit „peret“ ging das Hochwasser zurück, und man begann mit der Aussaat. Gegen Ende der Dürreperiode „shemu“ wurde das Getreide geerntet. Die alten Jahreszeiten zeigen die allumfassende Bedeutung des Nils für das gesamte ägyptische Volk.

Auf diesem Ziegelfragment aus der Zeit um 1350 v. Chr. ist ein Kalb dargestellt, das sich ausgelassen im Schilf am Flussufer bewegt. Vermögende Grundbesitzer hatten große Rinderherden.

Knochenharpunen aus der Zeit vor den Dynastien. Damit wurden wahrscheinlich Fische und Nilpferde gejagt.

Der Nil war eine wichtige Quelle für verschiedene Fischarten.

Überschwemmung
Jedes Jahr zwischen Juni und September ließen starke Regenfälle im äthiopischen Hochland den Wasserstand des Blauen Nils und des Atbaras, eines anderen Nebenflusses, ansteigen. Dadurch kam es zur Überschwemmung des Nils. Gegen Ende September begann das Hochwasser wieder zu sinken. Aber das Leben am großen Fluss war weder einfach noch vorhersehbar, da die Überschwemmung in ihrer zeitlichen Abfolge und in ihrem Umfang von Jahr zu Jahr verschieden war. Um das Hochwasser messen zu können, erbauten die Ägypter an strategischen Punkten eine Reihe von Wasserstandsanzeigern.

Fischer verwendeten Netze und Fallen, um die Fische im Fluss zu fangen. Netze wurden manchmal zwischen zwei Booten durch den Fluss gezogen. Da es sehr viele Fische gab, war das vermutlich eine sehr erfolgreiche Methode.

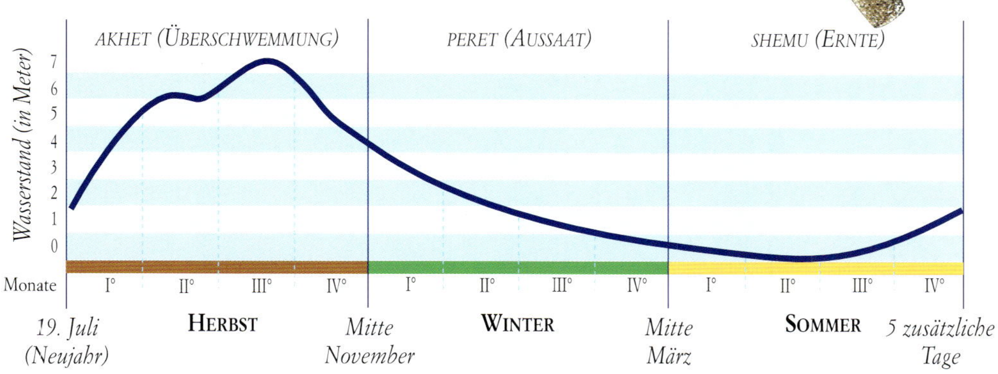

Dieser Hieroglyphenkalender zeigt das in drei Jahreszeiten unterteilte Jahr (siehe Graphik links). Das Jahr begann am ersten Tag, an dem der Hundsstern Sirius wieder sichtbar wurde, nachdem er 70 Tage lang im Schatten der Sonne stand. An diesem Tag, der nach unserem Kalender dem 19. Juli entspricht, wurde auch der Beginn der jährlichen Überschwemmung erwartet.

Der ägyptische Kalender
Die drei auf dem jährlichen Zyklus des Nils basierenden Jahreszeiten bildeten ein Jahr, das nach Beobachtungen des Mondes in 12 Monate gegliedert war. Jeder Monat bestand wiederum aus drei Wochen, und jede Woche aus zehn Tagen. Daraus ergab sich ein Jahr mit 360 Tagen, wobei fünf zusätzliche Tage am Ende hinzugefügt wurden. Diese erachtete man als heilige Tage, an denen laut Überlieferung die Götter Osiris, Isis, Horus, Seth und Nephthys geboren wurden. Da das Sonnenjahr (die Zeit, die die Erde benötigt um einmal um die Sonne zu kreisen) eigentlich 365 Tage und beinahe 6 Stunden dauert und die Ägypter kein Schaltjahr kannten, kam es alle vier Jahre zu einer Abweichung von einem Tag.

Landwirtschaft

Die Mehrheit der Ägypter arbeitete auf dem Land. Sie produzierten genug, um sich selbst und ihre Familien zu versorgen sowie den Staat mit Steuern in Form von Nahrungsmitteln zu unterstützen. Die fruchtbare Erde um den Nil erlaubte den Bauern den Anbau von Getreide, aus dem die beiden Hauptnahrungsmittel der Ägypter, Brot und Bier, hergestellt werden konnten. Brot wurde zu Hause von den Hausfrauen oder Dienern gebacken, und nach 1600 v. Chr. gab es in den meisten Dörfern eigene Bäckereien. Bauern züchteten Rinder, Ziegen, Schafe und auch Geflügel. Wer es sich leisten konnte, bevorzugte Rindfleisch. Sogar Antilopen und Gazellen wurden gezüchtet, aber hauptsächlich als Opfertiere. In kleinen Beeten und Gärten wurden Gemüse und Obst angebaut, die gemeinsam mit Brot die Grundnahrungsmittel für die ärmere Bevölkerung darstellten.

Bemaltes Holzmodell eines Landarbeiters mit einem Stichel zum Graben. Gemüse wie Zwiebel, Knoblauch, Erbsen und Bohnen wurde in kleinen, viereckigen Beeten angebaut.

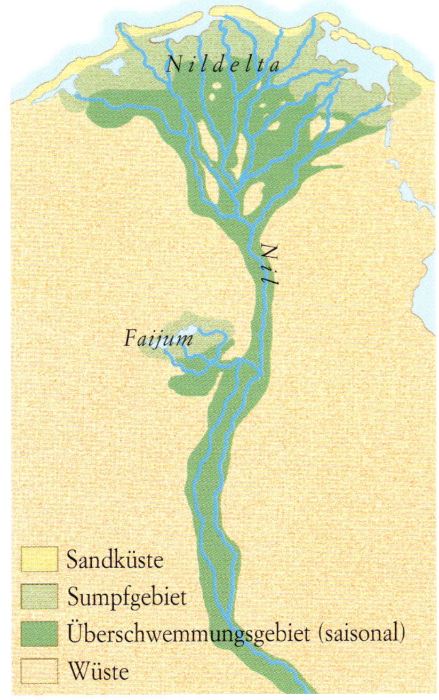

Auf diesem Papyrusbild sind wichtige, landwirtschaftliche Arbeiten wie Säen, Pflügen und Ernten abgebildet. Diese Aufgaben hingen von den Jahreszeiten ab, die wiederum vom Nil bestimmt wurden.

Bauern trennten durch Dreschen das Korn von der Spreu.

Tiere auf dem Bauernhof

Kühe wurden des Fleisches und der Milch wegen gehalten. Ägypter teilten die Rinder in solche mit langen und solche mit kurzen Hörnern ein. Im Neuen Reich wurden verschiedene Arten von Buckelrindern aus Asien eingeführt. Schafe und Ziegen lieferten Fleisch, Wolle und Häute. Es gab auch Schweine, doch sie waren nicht so bedeutend, da sie als Tiere des Chaosgottes Seth angesehen wurden. Ochsen wurden vor die Pflüge gespannt und Esel dienten als Transporttiere. Pferde kamen erst später nach Ägypten und wurden in der Landwirtschaft nicht gehalten.

Oben: Ein junger Kuhhirte mit seiner Herde. Kühe waren die wertvollsten Haustiere. Jedes Jahr, wenn das Hochwasser zurückging, wurden sie auf frisches Weideland getrieben.

Männer bei der Weinernte. Die roten Trauben wuchsen besonders gut im Deltagebiet und in den Oasen, da sie viel Wasser benötigten. Als Dünger wurde der Mist von Tauben verwendet, die dafür in nahe gelegenen Taubenschlägen gehalten wurden

Getreide

Die Hauptgetreidearten waren Weizen und Gerste. Dazu wurden zwei andere Arten, Einkorn und Dinkel, angebaut. In der Erntezeit im April und Mai hatten die Bauern viel Arbeit. Zuerst wurde das Getreide mit Sicheln geschnitten, dann musste durch Dreschen das Korn von der Spreu getrennt werden (siehe Abbildung rechts oben) und schließlich wurde es in Getreidespeichern gelagert. Über weitere Entfernungen wurde es mit einem Boot auf dem Fluss transportiert.

Bauern benutzten einfache Werkzeuge wie diese Holzsichel mit einer eingelegten Klinge aus Feuerstein. Damit schnitten in der Erntezeit Gruppen von Männern das Getreide (links).

Esel wurden als Lasttiere eingesetzt und auch für andere Arbeiten, wie etwa für das Dreschen.

Bier und Wein

Ägyptisches Bier wurde aus Gerste und später auch aus Weizen hergestellt. Es war vermutlich dickflüssig und sehr nahrhaft. Die Leute tranken viel Bier, welches jedoch weniger Alkohol als das Bier heute enthielt. Die Ägypter verstärkten den Geschmack ihrer alkoholischen Getränke mit Gewürzen, Honig und Datteln. Auch Rot- und Weißwein wurden getrunken, doch meistens von wohlhabenderen Personen. Der Wein wurde in Keramikgefäßen gelagert, auf denen manchmal wie bei einem modernen Etikett Sorte und Jahr vermerkt wurden.

Diese Frau stellt Bier zu Hause her, wobei sie Gerste aus speziellen Kuchen oder altem Brot verwendet. Bier wurde auch professionell in Brauereien gebraut.

Diese kleinen, geflochtenen Körbe, gefüllt mit Wacholderbeeren und Kümmel wurden als Opfergabe in Gräber gelegt. Kräuter und Gewürze wurden nicht nur zum Würzen von Bier und Speisen verwendet, sondern auch für Reinigungsrituale der Toten. Das Holz der Wacholderbäume wurde ebenfalls verwertet.

Archäologen meinen, dass der Schaduf in Ägypten zum ersten Mal um 1550 v. Chr. verwendet und vermutlich aus Mesopotamien eingeführt wurde. Er war für die Bewässerung sehr wichtig.

Der Schaduf

Dieses mechanische Gerät bestand aus einem langen Holzstab mit einem eimerartigen Behälter an einem langen Seil an einem Ende und einem großen Stein oder Schlammbrocken als Gegengewicht am anderen. Der Stab wurde so an einem Gestell montiert, dass er sich herumdrehen konnte. Mit dem Schaduf konnte man Wasser aus dem Fluss oder Kanal schöpfen und über den Boden heben. So eignete er sich gut, um die Felder und Gemüsebeete zu bewässern. Er wird in einigen Teilen Ägyptens heute noch verwendet.

Links: Diese Grabmalerei aus Theben stammt aus der Zeit um 1240 v. Chr. Darauf ist ein Mann abgebildet, der einen Garten mit einem Schaduf bewässert. In dem Beet wurden vermutlich Obst und Gemüse angebaut.

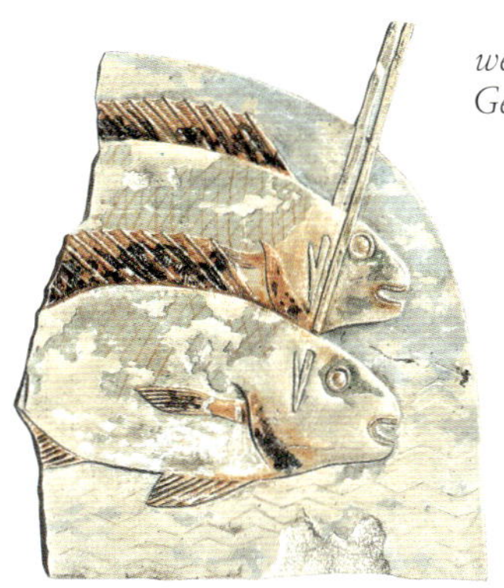

Fische wurden manchmal mit der Harpune oder auch mit Netzen und Fallen gefangen. Fisch war besonders bei ärmeren Menschen beliebt, da er weniger als Fleisch kostete. In einigen Gegenden waren gewisse Fische heilig und wurden daher nicht gegessen.

Kochen

Das Essen wurde in Tonöfen im Hof gekocht, damit Rauch und Gerüche nicht in das Haus gelangten. Fleisch wurde in Töpfen gebraten oder geschmort. Die ärmeren Leute, die nur einen Raum hatten, kochten über einem Feuerloch im Boden. Wenn es viel auf dem Land zu tun gab, brachten einige Frauen ihrer Männern das Mittagessen auf die Felder damit die Arbeit nicht unterbrochen werden musste. Zu Hause servierte man die Speisen in Keramikgeschirr auf niedrigen Tischen, gegessen wurde mit den Fingern. Klebrige Kuchen wurden mit Honig zubereitet, und es gab viele Früchte wie Granatäpfel, Melonen, Feigen und Datteln.

Diese Diener rupfen Gänse und nehmen sie vor dem Kochen aus. Gänse und Enten (und später Hühner) wurden wegen ihres Fleisches und der Eier gehalten. In den Sümpfen jagte man auch nach anderem Federwild.

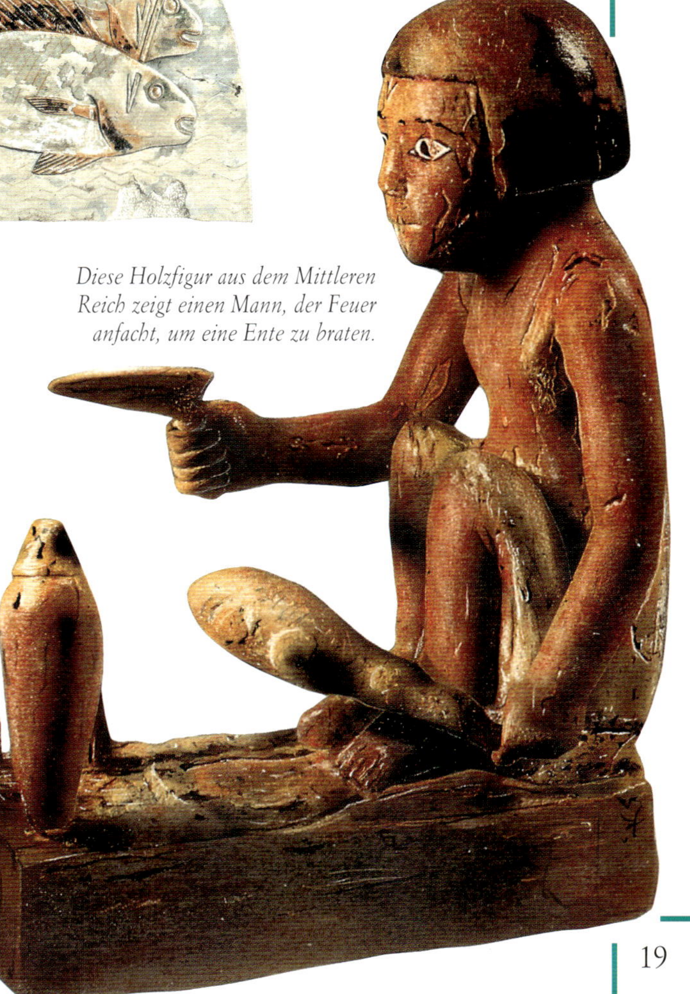

Diese Holzfigur aus dem Mittleren Reich zeigt einen Mann, der Feuer anfacht, um eine Ente zu braten.

Schlachter bei der Arbeit an einem Ochsen. Die Hinterbeine wurden zusammengebunden, die Vorderbeine vielleicht als religiöse Opfergabe abgeschnitten. Ochsenfleisch war sowohl zum Verzehr als auch als Opfer in Tempeln sehr geschätzt.

Ägyptische Schrift

Neuere Entdeckungen zeigen, dass die Ägypter die Schrift, die wir Hieroglyphen nennen, schon um 3250 v. Chr., 150 Jahre vor der 1. Dynastie, anwendeten. Das Wort Hieroglyphe leitet sich vom griechischen „heilige Schnitzerei“ ab, denn die Schrift wurde hauptsächlich für Inschriften auf Tempeln, Gräbern und religiösen Urkunden verwendet. Man konnte über 6000 Hieroglyphenzeichen identifizieren, doch die meisten von ihnen wurden erst in der Spätzeit eingeführt. Im Alten Reich gab es ungefähr 750 verschiedene Zeichen. Doch nur wenige Menschen benutzten und verstanden diese Schrift, und seit den ersten Dynastien wurde für den Alltag die einfachere hieratische Schrift verwendet. Diese wurde später durch die noch schneller zu schreibende demotische Schrift ersetzt. Nach dem Ende des Ägyptischen Reiches ging die Fertigkeit, Hieroglyphen zu lesen, verloren, und erst 1822 wurde die alte Schrift wieder entschlüsselt. Dieses Wissen ist für uns wesentlich, um das alte Ägypten zu verstehen.

Ägyptischer Schreiber bei der Arbeit. Die ersten Schreiber verwendeten Pinsel aus Schilfrohren und schwarze und rote Tintensteine. Später benutzten sie oft Stifte aus abgeschnittenen Schilfhalmen. Sie schrieben auf Steinsplittern, Keramikstücken, Lederblättern, dünnen Holzbrettern und Papyrus.

Die Papyrusstaude wuchs in den Sumpfgegenden des Nildeltas besonders gut. Sie war für die Ägypter ein Symbol für Fruchtbarkeit und Erneuerung des Lebens.

Auf diesem Salbengefäß aus der Zeit um 2240 v. Chr. ist der hieroglyphische Name König Pepis II. zu sehen. Schriftzeichen hatten nicht nur eine Funktion. Sie waren überdies lebendige, heilige Bilder und konnten sogar Bedrohungen ausdrücken.

Einzelne Quadrate aus Papyrus wurden miteinander zu einer Rolle verbunden. Ausgerollt wurde sie zuerst auf der Innenseite beschriftet. Die andere Seite blieb oft leer, wurde aber manchmal später von Leuten verwendet, die sich keinen neuen Papyrus leisten konnten.

Diese Werkzeuge wurden für die Papyrusherstellung verwendet. Die Halme wurden in Streifen geschnitten, in Wasser eingeweicht und flach geschlagen. Dann wurden die Streifen übereinander gelegt und bildeten beim Trocknen ein zusammenhängendes Gewebe.

Die drei Schriften

Die erste Schrift, die Hieroglyphenschrift, kennt drei Arten von Zeichen. Logogramme oder Wortzeichen zeigen direkt, wofür sie stehen (z. B. ein Kreis für die Sonne). Phonogramme oder Lautzeichen sind Konsonanten, aus denen die Wörter gebildet werden (z. B. ein Mund für „r“ und eine Schlange für „dj“). Determinative legen den Sinn eines Wortes fest (hinter dem Phonogramm für das Wort „Wein“ könnte z. B. das Zeichen eines Weinkrugs stehen). Hieratisch war eine kürzere und schnellere Schrift mit verbundenen Zeichen, die aus Hieroglyphen entwickelt wurden. Die demotische Schrift war ähnlich, aber noch schneller und einfacher zu schreiben.

Der Rand dieser Handwerksschüssel aus der Zeit um 1200 v. Chr. ist mit Hieroglyphen versehen. Innen ist sie mit einer Lotosblume geschmückt, die Unsterblichkeit verspricht.

HIEROGLYPHEN
HIERATISCHE SCHRIFT
DEMOTISCHE SCHRIFT

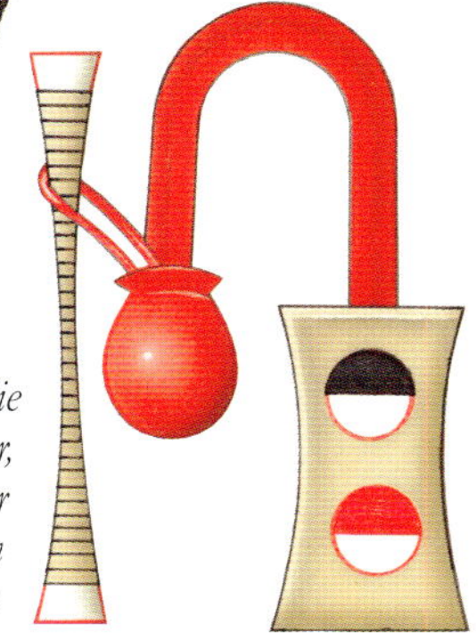

Rechts: Dieses Hieroglyphenzeichen für „Schreiben“ zeigt die Ausstattung eines Schreibers. Links ein Pinsel aus Schilfrohr, der an einem roten Wasserbeutel befestigt ist. Die Schreiber verwendeten ihn zur Herstellung von Tusche aus den schwarzen und roten Pigmentstücken auf der rechten Seite.

Teil eines hölzernen Sargdeckels aus dem 4. Jh. v. Chr. In diesem späten Beispiel für Hieroglyphen sind die Spalten aus buntem Glas eingelegt. Sie zeigen den hohen Standard, der mit der ägyptischen Kunst, förmliche Schriftstücke zu verfassen, verbunden war. Die Eule stand für den Buchstaben „m“.

Die Verwendung der Schrift

Nur eine sehr kleine Minderheit (wahrscheinlich weniger als 1%) der alten Ägypter konnte überhaupt lesen und schreiben. Nach Meinung einiger Historiker waren diese Wenigen ziemlich glücklich mit der Situation, denn so blieben Wissen und Macht auf sie beschränkt. Hieroglyphen wurden für gewöhnlich von rechts nach links geschrieben, aber auch von links nach rechts oder manchmal in Spalten von oben nach unten. Auf jeden Fall konnten viele Schreiber nur Hieratisch (und später Demotisch) schreiben, das für Aufzeichnungen, Listen, inoffizielle Briefe und Notizen verwendet wurde. Hieratisch wurde immer von rechts nach links geschrieben.

Der Rosette-Stein

Die letzte bekannte Inschrift aus Hieroglyphen stammt aus dem Jahr 394 n. Chr. Als europäische Forscher und Historiker im 18. und frühen 19. Jh. Schriftstücke aus dem alten Ägypten entdeckten, konnten sie diese nicht verstehen. Das änderte sich 1822, als Jean-François Champollion (unten) die eingeritzten Inschriften auf der heute als Rosette-Stein (links) bekannten Tafel entzifferte. Der Text enthielt eine Reihe von Vorzügen, die Ptolemaios V. über Ägypten schrieb, und war nicht wirklich bedeutend. Doch dadurch, dass derselbe Text in drei Schriften geschrieben war, konnte Champollion alle Inschriften übersetzen und durch dieses Wissen die Grundlagen der Hieroglyphenschrift verstehen. Historiker sehen dies als die größte Errungenschaft der Ägyptologie an.

Skarabäen in der Form des heiligen Mistkäfers dienten als kleine Glücksbringer oder Siegel. Dieses Exemplar aus dem Neuen Reich enthält auf der flachen Seite einen Text über wichtige Ereignisse im Zusammenhang mit König Amenophis III.

Jean-François Champollion (1790–1832), ein französischer Sprachwissenschaftler und Ägyptologe, lieferte im Alter von 17 Jahren seinen ersten Bericht über die altägyptische Sprache.

Der etwas über einen Meter hohe Rosette-Stein aus dem Jahr 196 v. Chr. wurde 1799 im Dorf El-Rashid (oder Rosette) in der Deltaregion des Nils entdeckt. Darauf befinden sich Inschriften in Hieroglyphen (oben), in demotischer Schrift (Mitte) und in Griechisch (unten).

Dieses Siegel aus der Zeit um 1250 v. Chr. trägt den Namen und den Rang eines Kavallerieoffiziers. Das mit Federn geschmückte Pferd in der linken Spalte steht für „Kavallerie“, der Bulle rechts stellt den Namen des Offiziers dar (Ka-nakht, d. h. „starker Bulle“).

Schreibwerkzeuge und -techniken

Für die Herstellung eines Pinsels oder Stiftes zerfaserte der Schreiber das Ende eines abgeschnittenen Schilfrohres. Dann benetzte er es mit Wasser, fuhr damit über ein Pigmentstück und verwendete es zum Schreiben. Später spalteten die Schreiber das Ende des Schilfrohres, um eine Art Feder daraus zu machen. Schwarze Kohle wurde am häufigsten als Farbpigment verwendet. Überschriften und Datumsangaben wurden oft in roter Farbe, die aus Ocker gewonnen wurde, hervorgehoben. Schreiber arbeiteten gewöhnlich im Stehen oder im Schneidersitz auf einer Matte, die Stifte steckten sie zum sofortigen Gebrauch hinters Ohr.

Dieser sitzende Schreiber befindet sich unter dem Schutz des Gottes der Schrift und des Wissens, Thoth, der oft in Gestalt eines Pavians dargestellt wurde.

Diese Miniaturpyramide aus dem Jahr 1200 v. Chr. stammt aus dem Grab eines Schreibers. Die Inschriften beziehen sich auf den Lauf der Sonne. Auf dieser Seite ist der Sonnengott Re abgebildet.

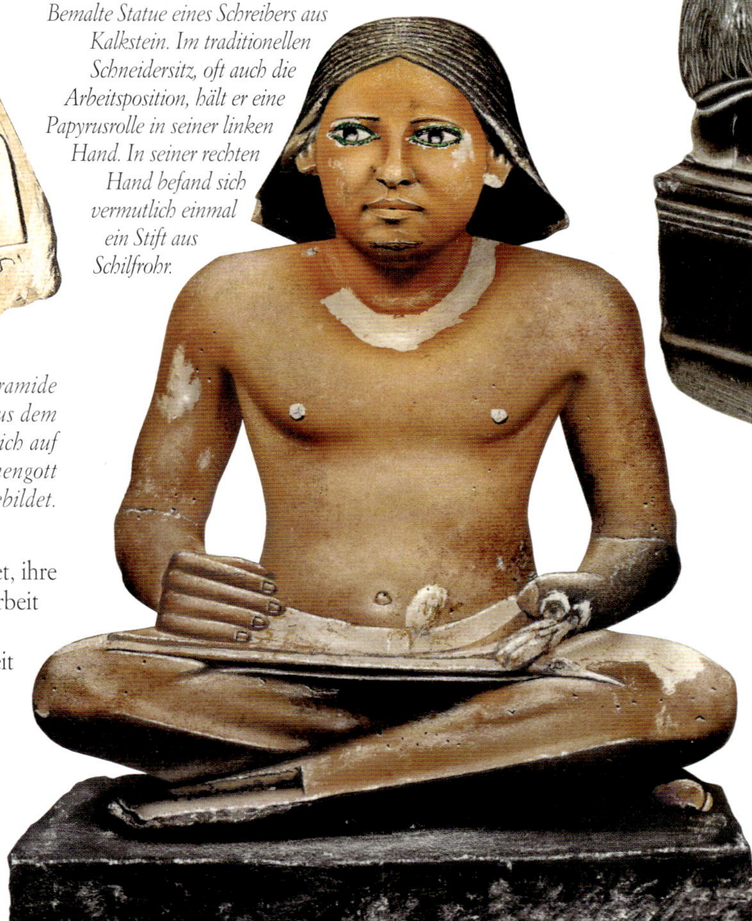

Bemalte Statue eines Schreibers aus Kalkstein. Im traditionellen Schneidersitz, oft auch die Arbeitsposition, hält er eine Papyrusrolle in seiner linken Hand. In seiner rechten Hand befand sich vermutlich einmal ein Stift aus Schilfrohr.

Der Schreiber

Schreiber waren im alten Ägypten sehr geachtet, ihre Arbeit wurde als das Gegenteil körperlicher Arbeit angesehen. Das führte zu sozialen Unterschieden, besonders weil die Schreibarbeit staatliches Einkommen mit sich brachte. Ein Text aus dem Neuen Reich rät dazu, Schreiber zu werden, da „Renenutet (die Göttin des Überflusses) sich schon von der Geburt eines Schreibers an in dessen Schultern einprägt“. Nur ein geringer Prozentsatz von Knaben (und keine Mädchen) gingen in die Schule, wo ihnen Lesen, Schreiben und auch Rechnen beigebracht wurde. Zuerst lernten sie die hieratische Schrift, und einige gingen danach zu den komplizierteren Hieroglyphen über.

Paletten aus Kalkstein. Auf einer sind verschiedene Farbpigmente zu sehen, mit denen Papyri verziert wurden. Sie gehörte einem hochrangigen Beamten.

Holzpalette eines Schreibers mit einer langen Rille für Stifte aus Schilfrohr und zwei flachen Vertiefungen für Pigmentstücke.

Auf dem Wandrelief aus dem Kulttempel in Theben ist Mentuhotep I. (2060–2010 v. Chr.) mit der roten Krone Unterägyptens dargestellt. Er vereinigte die beiden Länder und begründete als erster König die 11. Dynastie des Mittleren Reiches.

Das Mittlere Reich

Auf das Alte Reich folgte eine etwa 125 Jahre lange Zeit der Uneinigkeiten und ein neuer Konflikt zwischen Süd und Nord. Dieser wurde gelöst, als Mentuhotep I. den Thron von Memphis bestieg und Kontrolle über das gesamte Land gewann. Er verlegte die Hauptstadt nach Theben und gründete die 11. Dynastie. Damit begann jene Periode, die Historiker Mittleres Reich nennen und die von ca. 2040 bis 1782 v. Chr. dauerte. Die ägyptischen Könige kämpften zwar weiter darum, die Macht über die herrschenden Familien des Landes wiederherzustellen, aber für eine gewisse Zeit konnte die Stabilität zurückgewonnen werden. Durch die vielen, nur kurz regierenden Herrscher in der 13. und 14. Dynastie ließ die Kontrolle der Ägypter über ihre Grenzen jedoch abermals nach.

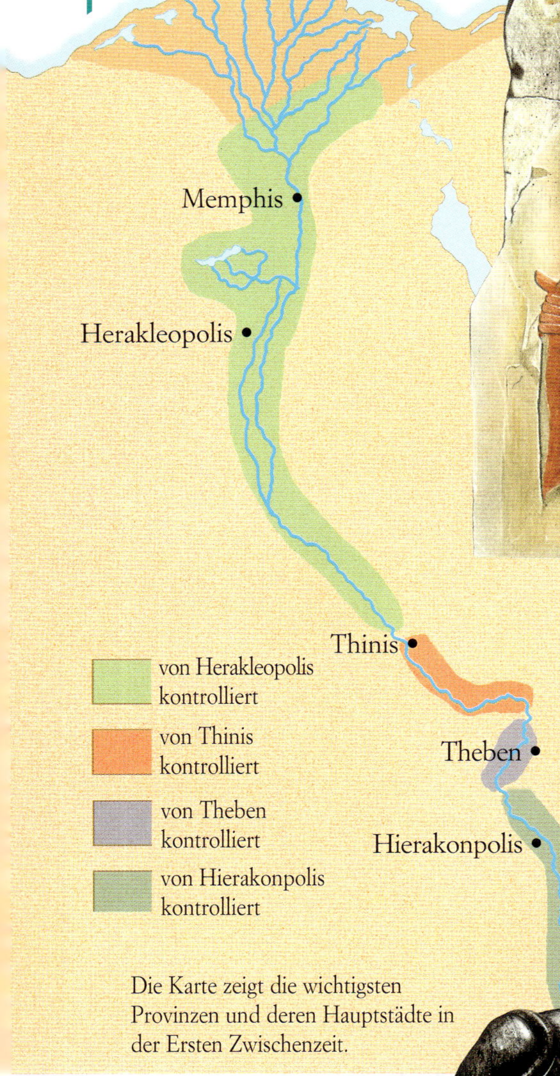

Die Karte zeigt die wichtigsten Provinzen und deren Hauptstädte in der Ersten Zwischenzeit.

Sphinxstatue Königs Sesostris' III. (1874–1841 v. Chr.). Er entzog den Provinzfürsten die Macht und legte sie in die Hände regionaler Wesire – einer für den Norden, einer für den Süden und ein dritter für die Insel Elephantine und das nördliche Nubien.

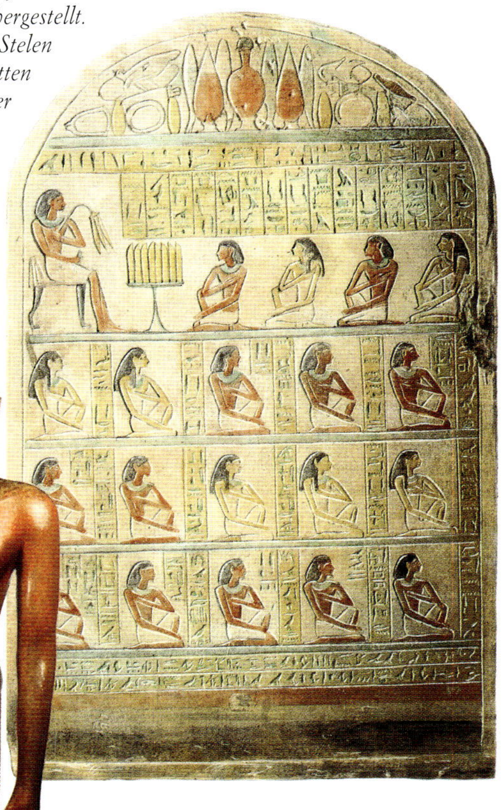

Diese Grabstele oder Steinplatte wurde für eine Familie der 12. Dynastie (1991–1782 v. Chr.) hergestellt. Der runde Abschluss ist typisch für die Stelen des Mittleren Reichs. An heiligen Stätten wie Abydos wurden viele dieser Grabdenkmäler aufgestellt.

Erste Zwischenzeit

Historiker nennen den Zeitraum zwischen dem Alten und dem Mittleren Reich die Erste Zwischenzeit, die von 2181 bis 2040 v. Chr. dauerte. Damals ging die Einheit Ägyptens verloren. Das Land war zwischen mehreren Herrschern aufgeteilt, einige kamen aus Herakleopolis, südlich von Memphis, andere aus Theben. Es scheint, als ob das Fehlen einer zentralen Regierung den Provinzen zu einer Blütezeit verhalf. Hochrangige Beamte wollten lieber in der Nähe ihrer Heimatstädte als in der Nähe ihres Königs begraben werden. Daran kann man sehen, wie sich die Macht vom Königshof zu den Gemeinden hin verlagerte.

Diese bemalte Figur aus Akazienholz mit Augen in Form von Einlegearbeiten zeigt den Wesir Nakhti. Sie stammt aus der Zeit um 1950 v. Chr. Holz wurde für die Grabstatuen des frühen Mittleren Reiches noch oft verwendet. Die lang gestreckten Proportionen und der Schurz des Wesirs sind typisch für diese Periode.

Terrakottamodell eines Hauses im Mittleren Reich mit Torbogen und einem kleinen Fenster zur Belüftung. Das Haus hatte sogar einen eigenen Abfluss. Mit einer Leiter gelangte man auf das flache Dach, auf dem die Ägypter bei warmem Wetter viel Zeit verbrachten. Das richtige Haus bestand wahrscheinlich aus Lehmziegeln. Das Modell war eine Grabbeigabe, die als Unterkunft im Jenseits dienen sollte.

Die Rolle des Königs

In der Ersten Zwischenzeit hatten die Herrscher nicht mehr die absolute Macht wie im Alten Reich. Die Könige im Mittleren Reich versuchten mit allen Mitteln, ihre Rolle zu stärken und zu einer einheitlichen Machtposition zurückzukehren. Sie erklärten sich selbst zu Söhnen der Götter. Die mächtigen Familien hatten sich aber daran gewöhnt, dass sie in den Provinzen mehr als nur ein Mitspracherecht hatten. Diese regionale Regierung war nicht unbedingt schwächer oder ineffizienter als die zentrale, königliche Regierung, für den König jedoch bedeutete sie eine Änderung seiner Rolle. Erst im Mittleren Reich machten sich die Herrscher erneut zur zentralen Quelle der Macht und sie bevollmächtigten ihre Beamten, Wesire und Provinzfürsten, sie im ganzen Land zu vertreten.

Dieser Brustschmuck zeigt zwei gespiegelte Abbildungen von Amenemhet III. (1855–1808 v. Chr.), der einen Beduinen mit einer Keule angreift. In dieser Zeit bedrohten arabische Nomaden, die bei den Ägyptern „Sandbewohner" hießen und die wir heute als Beduinen kennen, ägyptische Türkisminen im Sinai, wofür sie mit Gewalt niedergeschlagen wurden.

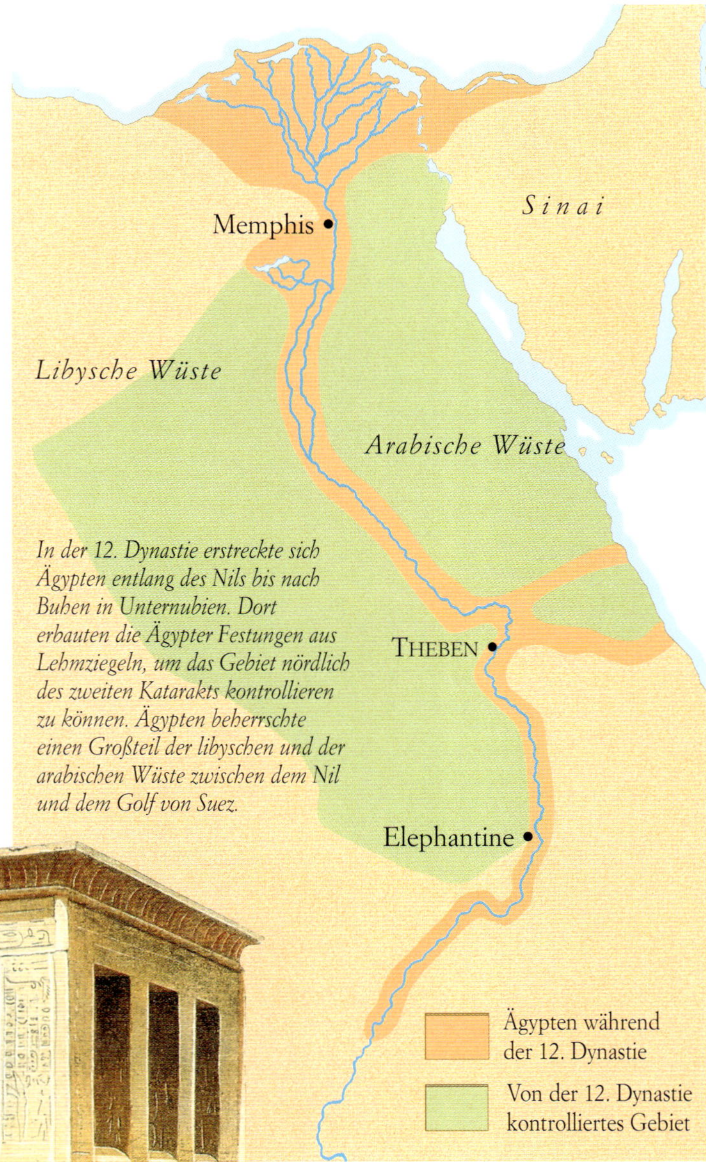

In der 12. Dynastie erstreckte sich Ägypten entlang des Nils bis nach Buhen in Unternubien. Dort erbauten die Ägypter Festungen aus Lehmziegeln, um das Gebiet nördlich des zweiten Katarakts kontrollieren zu können. Ägypten beherrschte einen Großteil der libyschen und der arabischen Wüste zwischen dem Nil und dem Golf von Suez.

Architektur

Im Mittleren Reich ließen sich die Könige wieder in Pyramiden begraben. Doch die neueren Pyramiden waren kleiner und nicht so gut gebaut wie im Alten Reich. Vermutlich wurden sie zu schnell errichtet. Die besten Gräber dieser Periode stammten von wohlhabenden Adligen, die sie in große Felsen schlagen ließen. Der Tempel von Karnak wurde in dieser Zeit ausgebaut. Fragmente der Weißen Kapelle (unten in einer Rekonstruktion zu sehen) von Sesostris I. wurden in Karnak gefunden. Die Kapelle wird als ein Meisterwerk der Architektur und der Bildhauerei des alten Ägypten angesehen.

Dieser Pilaster (eine von einer Wand vorspringende Säule) zeigt Sesostris I. (1971–1926 v. Chr.), der in der Festung von Buhen eine Garnison aufstellte. Er hält zwei Ankh-Amulette, Symbole für das Leben.

Igel aus blauer Fayence. Statuetten mit Tierabbildungen waren im Mittleren Reich als Grabbeigaben üblich, doch ihr Zweck ist unter Experten umstritten. Der Igel war vielleicht dazu da, mit seinen schützenden Stacheln dem Verstorbenen zu helfen.

Neue Richtungen in der Kunst

Im Mittleren Reich wurden die meisten Reliefskulpturen bemalt, sodass der Stil von Malerei und Bildhauerei sehr ähnlich war. Die Gesichter der menschlichen Figuren wurden im Gegensatz zur stilisierten Ausführung im Alten Reich realistischer abgebildet, die Körper immer jung und kräftig dargestellt. Große Königsstatuen wurden aus Granit oder anderen Hartgesteinen hergestellt, einige mussten aufgrund ihrer Größe außerhalb der Tempel aufgestellt werden. Die Gräber der wohlhabenden Adligen wurden mit bemalten Szenen ausgeschmückt, die auf gute Organisationsgabe hinweisen.

Hockerstatuen wurden im Mittleren Reich eingeführt. Dahinter steckte ursprünglich vermutlich die Idee, einen Wächter am Tempeltor aufzustellen. Die Vorderseite des Blocks war gewöhnlich mit Inschriften über die Person versehen.

Dieses Modellboot aus der Ersten Zwischenzeit ist typisch für die Holzmodelle, die in dieser Zeit und im Mittleren Reich in Gräber gelegt wurden. Das Boot mit dem gehissten, quadratischen Segel wurde mit einem großen Ruder am Heck gesteuert.

Kontrolle über Nubien

In der 12. Dynastie galten die militärischen Bestrebungen lange Zeit dem südlichen Nubien, das die Ägypter Kusch nannten. Sie fielen in das Königreich der dunkelhäutigen Nubier ein. Es stellte für sie eine wichtige Quelle von wertvollen Metallen und Mineralien dar: Gold, Kupfer und Edelsteine wie Amethyst. Dort gab es auch viele Rinder und Sklaven. Über Kusch gelangten die Ägypter in weitere afrikanische Länder, mit denen sie verschiedene Waren gegen Ebenholz, Elfenbein und Weihrauch tauschen konnten. Sie bauten sieben Festungen entlang des zweiten Katarakts des Nils, um ihr Land und die Handelswege zu sichern.

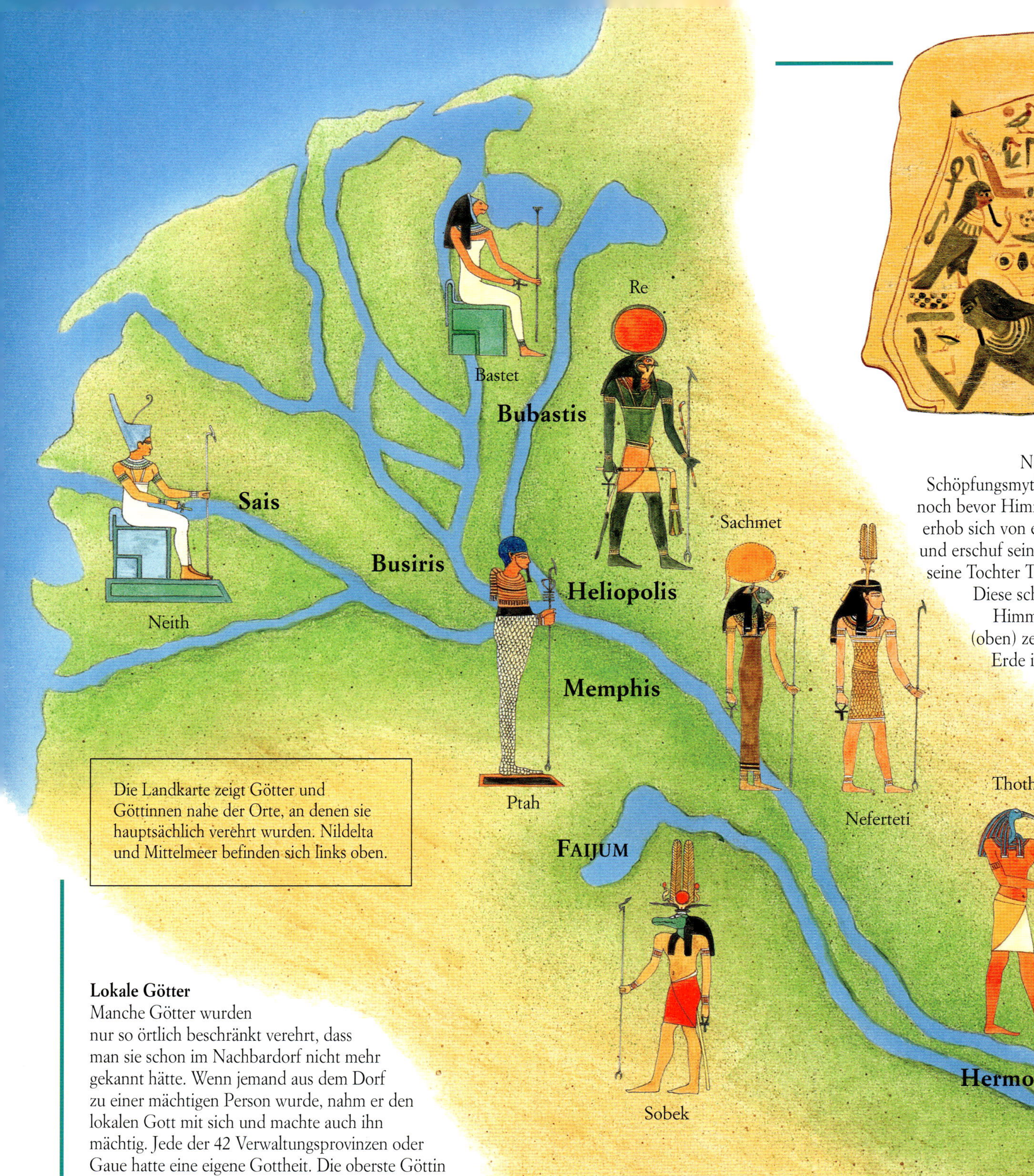

Die Landkarte zeigt Götter und Göttinnen nahe der Orte, an denen sie hauptsächlich verehrt wurden. Nildelta und Mittelmeer befinden sich links oben.

Der Schöpfungsmythos
Nach dem bekanntesten ägyptischen Schöpfungsmythos entstand als erster Gott Atum, noch bevor Himmel und Erde getrennt wurden. Er erhob sich von einem Hügel im Urgewässer „nun“ und erschuf seinen Sohn, den Luftgott Schu, sowie seine Tochter Tefnut, die Göttin der Feuchtigkeit. Diese schenkten dem Erdgott Geb und der Himmelsgöttin Nut das Leben. Das Bild (oben) zeigt Schu, der den Himmel und die Erde in Gestalt seines Sohnes und seiner Tochter voneinander trennt.

Lokale Götter
Manche Götter wurden nur so örtlich beschränkt verehrt, dass man sie schon im Nachbardorf nicht mehr gekannt hätte. Wenn jemand aus dem Dorf zu einer mächtigen Person wurde, nahm er den lokalen Gott mit sich und machte auch ihn mächtig. Jede der 42 Verwaltungsprovinzen oder Gaue hatte eine eigene Gottheit. Die oberste Göttin des 16. Gaus von Unterägypten war z. B. die Fischgöttin Hat-Mehit, deren wichtigste Kultstätte in der Gauhauptstadt Mendes stand.

Staatsgötter
Zu bestimmten Zeiten wurden manche Götter und Göttinnen überall im alten Ägypten anerkannt, und ihre Kultstätten und Tempel befanden sich im ganzen Reich. Einige der wichtigsten Staatsgötter waren vermutlich miteinander verwandt. Man glaubte z. B., dass Isis, das Sinnbild der ägyptischen Mutter und Ehefrau, die Körperteile ihres Mannes Osiris wieder zusammengesetzt hatte, nachdem er vom Chaosgott Seth getötet worden war. Isis gebar später den falkenköpfigen Himmelsgott Horus, der zur Hauptgottheit der Könige wurde.

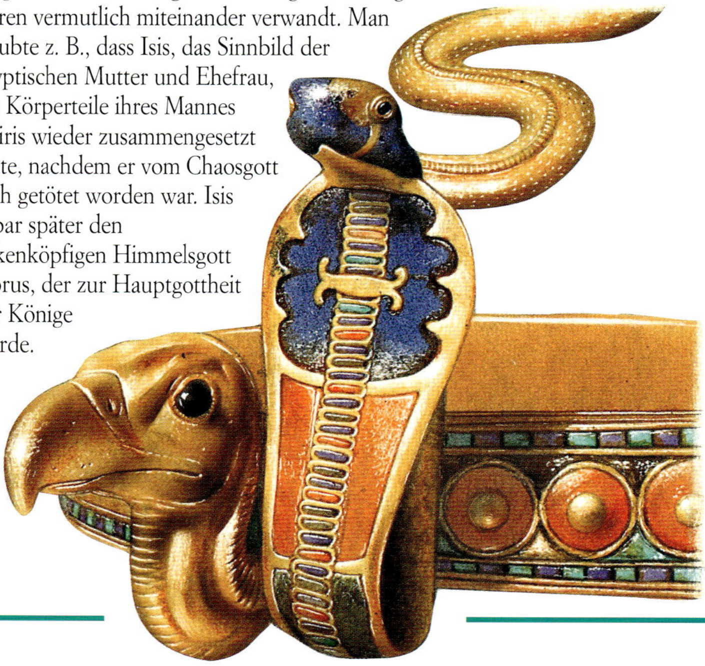

Ober- und Unterägypten
Die Kobragöttin Uto oder Wadjet wurde zum Symbol für Unterägypten, die Geiergöttin Nechbet für Oberägypten. Die „beiden Herrinnen“ erschienen gemeinsam auf Kronen und königlichem Kopfschmuck (siehe links), um die Dualität der ägyptischen Welt zu zeigen. Ursprünglich waren beide lokale Göttinnen: Uto aus der antiken Stadt Buto in der nordwestlichen Deltaregion und Nechbet aus Nechen am östlichen Nilufer, ungefähr 80 km südlich von Luxor.

Statue der Selket, der Schutzgöttin der Mumien und Kanopen, in denen die Eingeweide der Verstorbenen aufbewahrt wurden. Diese schöne, vergoldete Holzstatue wurde in Tutanchamuns Grab gefunden.

Goldene Statue Amuns „des Verborgenen“, der in frühen Zeiten ein lokaler Gott im südlichen Ägypten war. Der Kult um ihn verbreitete sich bis nach Theben, wo er ab etwa 2000 v. Chr. zum Gott der Pharaonen wurde. Im Tempel von Karnak wird er als „König der Götter“ beschrieben.

Götter und Göttinnen

Die Ägypter glaubten, dass Götter und Göttinnen schon von Anfang an zur Welt gehörten. Nach dem berühmtesten Schöpfungsmythos wurde als Erster der junge Sonnengott Atum auf einem Hügel im Urgewässer „nun“ geboren. Dieser Mythos spiegelt deutlich das wichtigste Ereignis des Jahres im alten Ägypten wider – das Auftauchen von fruchtbarem Land nach der Überschwemmung des Nils. Dem Mythos zufolge schuf Atum zwei weitere Gottheiten. Seine Urenkel waren Osiris (der Toten-, Auferstehungs- und Fruchtbarkeitsgott), Isis (die spätere Mutter des Horus), Seth (Gott des Chaos und der Verwirrung) sowie Nephthys.

Neben diesen Hauptgottheiten wurden noch viele mehr in Ägypten verehrt. Einige waren lokale Götter, andere im ganzen Land bekannt. Götter erschienen oft als Tiergestalten und zeigten deren natürliche Eigenschaften – die Stärke eines Löwen (Schu und Tefnut) oder die Schnelligkeit und Scharfsichtigkeit eines Falken (Horus). Jeder Gott hatte zwei Seiten, und um die Welt im Gleichgewicht zu halten, verehrten die Ägypter ihre Götter und beteten sie an.

Maat, die Göttin der Wahrheit und Gerechtigkeit, stand für Harmonie und die göttliche Ordnung des Universums. Sie wurde als kniende Frau mit einer Straußenfeder im Haar dargestellt, manchmal auch durch die Feder alleine. Die Göttin oder ihre Feder waren immer bei der Urteilssprechung über einen Toten anwesend.

Götter im Wandel
Götter wechselten über tausende von Jahren ihre Rollen und vereinigten sich mit anderen Göttern. Bes stammte vermutlich ursprünglich aus einem anderen Teil Afrikas oder aus Arabien. Es dauerte eine Weile, bis er als ein Familiengott aufgenommen wurde. Auf früheren Darstellungen schwang er ein Messer, in Römischer Zeit wurde er als Gott des Militärs übernommen und als Soldat mit Schwert gezeigt. Das bekannteste Beispiel für eine Vereinigung von Göttern war die von Amun mit dem Sonnengott Re.

Diese polierte Schieferstatue der Göttin Thoeris stammt aus dem 7. Jh. v. Chr. Die Nilpferdgöttin war aber schon im Alten Reich bekannt. Als Schutzgöttin schwangerer Frauen wachte sie über Geburten. Sie hat Löwenarme und -beine und stützt sich auf zwei schlaufenförmige Symbole, die Hieroglyphen für „Schutz“

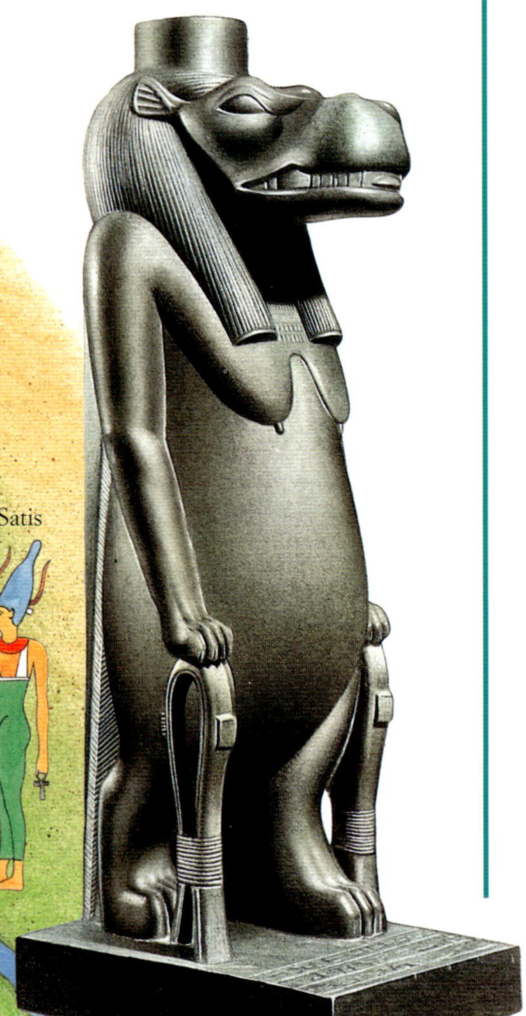

Tempel, Priester und Götterverehrung

Jeder ägyptische Tempel war einer Gottheit gewidmet, deren Bilder in Form von goldenen Statuen in Schreinen in den Tempeln verwahrt wurden. Der Tempel diente der Götterverehrung, er war jedoch kein Versammlungsort für die Anbetenden. Der König von Ägypten diente als oberster Hohepriester dem Tempelgott. Da der König nicht jeden Tag in allen Tempeln sein konnte, wurde er durch die Hohepriester vertreten. Unter ihnen standen rangniedrigere Priester, die alle Arbeiten am Tempel verrichteten. Gewöhnlichen Leuten war der Zutritt verboten, aber an speziellen Festtagen durften sie die Kultstatue sehen und anbeten. Die Priester nahmen dafür die Statue aus ihrem Schrein und brachten sie vor die Mauern des Tempels.

Metallstatue König Thutmosis' IV. (1419–1386 v. Chr.), der kniend zwei Töpfe opfert. Der ägyptische König war der Vertreter der gesamten Menschheit und der Hohepriester aller Kulte. Theoretisch konnte nur er sich um die Götter kümmern und Opfergaben in deren Tempel darbringen.

Der Hohepriester

Der Hohepriester jedes Tempels vertrat den König. Er war gewöhnlich der Einzige, der mit dem jeweiligen Gott des Tempels in Kontakt trat. Seine Aufgabe war es, diesem Gott zu dienen. Jeden Tag vor Sonnenaufgang betraten Priester in Leinengewändern nach einem Reinigungsritual den Tempel, brachten Speisen und Getränke dar und sangen Gebete. Der Hohepriester sagte zu dem Gott: „Der König sendet mich." Dann entfernte er das um die Statue gewickelte Tuch, reinigte sie und umwickelte sie mit mehreren Schichten aus frischem Leinen. Nachdem er die Speisen und Getränke geopfert hatte, verließ der Hohepriester das Heiligtum, versiegelte die Tür und fegte beim Verlassen den Boden.

Der innere Säulenhof eines Tempels, genannt Hypostylos, symbolisierte das erste Land, das aus der fahlen Leere auftauchte, als alles Existierende erschaffen wurde. Dieses Säulenhaupt aus Kalkstein zeigt Papyrusblüten. Sie stellen den Schilf und Sumpf dar, der den urzeitlichen Hügel oder das erste Land umgab.

Opfergabe für den widderköpfigen Gott Amun aus der 20. Dynastie (um 1100 v. Chr.). Die ersten Amun-Tempel wurden in der Nähe von Theben um 2000 v. Chr. erbaut.

Das Leben eines Priesters

Priester verschiedener Rangordnung kümmerten sich um den Tempel. Sie wuschen sich zweimal am Tag und zweimal in der Nacht, waren an Körper und Kopf vollständig rasiert und trugen feine, weiße Leinengewänder und Sandalen aus Papyrus. Es gab viel Arbeit im und um den Tempel, dazu kam noch die Verehrung des jeweiligen lokalen Gottes. Einige Priester beaufsichtigten die Werkstätten des Tempels, andere studierten die alten Schriften auf Papyrusrollen in der Bibliothek. Sie mussten sich um viele Dinge kümmern: um Kornspeicher und Schlachthöfe für die Opfergaben, um die Instandhaltung des Tempelgrundstückes und um die Ausbildung zukünftiger Priestergenerationen. Es gab auch einige Priesterinnen (siehe Seite 45).

Priester brachten Weihrauch und andere Opfer dar und führten besondere Rituale durch, auch Auferstehungsrituale an Mumien.

Dieser kleine, nur 36 cm hohe Schrein aus Kalkstein stammt aus der Zeit um 1250 v. Chr. Als Erinnerung und zu Ehren jener, die der örtlichen Gemeinschaft einen großen Dienst erwiesen hatten, wurden manchmal ihnen gewidmete Schreine und Büsten in den Häusern aufbewahrt.

Entlang des Weges zum Tempel von Luxor stehen in zwei Reihen 365 Sphingen mit menschlichem Kopf. Vor dem Tempeltor befanden sich ursprünglich zwei große, spitze Obelisken, aber einer wurde 1831 entfernt und auf dem Place de la Concorde in Paris aufgestellt.

Dieser Opfertisch aus der Zeit um 350 v. Chr. wurde später zum Mahlen von Getreide benutzt. Priester verwendeten die Tische, um Opfergaben darauf abzustellen.

Feste

Gewöhnliche Leute bekamen die Götterstatuen, die in den Tempeln aufbewahrt wurden, nur bei speziellen Festen zu sehen. Eines der bekanntesten fand jedes Jahr während des zweiten Monats der Überschwemmung (August/September) statt. Es dauerte bis zu vier Wochen. Die Statuen des Amun und der Mut wurden aus ihren Tempeln in Karnak geholt, in die Kabine eines Zeremonienbootes gebracht und auf den Schultern der Priester die wenigen Kilometer zum Tempel von Luxor getragen. Die Straße war voller Menschen, die beim Anblick der Götter in Jubel ausbrachen.

Grundriss des Tempels von Luxor

Dieser Querschnitt zeigt den Grundriss eines Tempels. Wenn ein Priester zum Allerheiligsten mit der Gottesstatue ging, stieg der Boden an und die Wände verengten sich. Das sollte das Universum im Moment seiner Erschaffung darstellen und das Innere des Tempels noch geheimnisvoller machen.

Tempelbau

Wie viele andere Bauwerke des Altertums wurden die ägyptischen Tempel nicht gebaut und dann so belassen, sondern ständig erneuert und erweitert. Neue Tempel wurden auf alte gebaut. Der Bau der Tempelanlage von Karnak im heutigen Luxor wurde vermutlich vor 2000 v. Chr. begonnen. Die Steine kamen aus Steinbrüchen aus ganz Ägypten, und der Großteil der heute noch existierenden Konstruktionen besteht aus riesigen Sandsteinblöcken. Zum Verbinden der Blöcke wurde Mörtel verwendet. Die Säulenhalle des Haupttempels mit ihren 134 massiven Säulen wurde unter Ramses II. (1279–1212 v. Chr.) errichtet. Der Tempel war Amun-Re gewidmet.

Oben: Solche Fruchtbarkeitsfiguren wurden in Tempeln, Gräbern und Häusern gefunden. Die in den Tempeln waren vermutlich Opfergaben für die Gottheiten der Gegend. Einige wurden der Göttin Hathor gewidmet, die gewöhnlich mit Kuhgehörn dargestellt ist. Sie galt als wichtig für das Schicksal von Neugeborenen.

Während eines Festes wird die Statue des Gottes Chnum in einem Boot gezogen.

Würfelhocker eines Priesters mit hieroglyphischen Inschriften aus der Zeit der 22. Dynastie (945–712 v. Chr.).

Kunsthandwerk

In allen ägyptischen Städten und Dörfern gab es ausgebildete Kunsthandwerker, die wichtige Alltagsgegenstände und besondere Luxusgüter wie Schmuck herstellten. Bauarbeiter entnahmen Schlamm aus dem Nil, fügten Kies und Stroh hinzu und gossen diese Mischung in hölzerne Formen, um Ziegelsteine herzustellen, die in der Sonne getrocknet wurden. Nachdem ein Haus aus Lehmziegeln gebaut war, verputzten Handwerker die Wände mit Gips. Erfahrene Tischler stellten hölzerne Möbel für das Haus her, Töpfer und Metallarbeiter Gefäße und andere Dinge. Leinen wurde meistens von vollbeschäftigten Webern gewebt, obwohl manche Frauen ihr Garn zu Hause auch selbst spannen. Steinmetze bearbeiteten Kalk, Sandstein und Granit. Die fähigsten Handwerker arbeiteten für das Königshaus und benutzten Gold, Edelsteine und feinste Materialien.

Dieses Fragment eines Freskos aus dem Neuen Reich zeigt einen auf einem Baugerüst knienden Zimmermann bei der Arbeit. Mit einer Dechsel, ähnlich der unten abgebildeten, bearbeitet er Holz. Er ist mit ungekämmtem Haar und Bartstoppeln gezeigt, was ungewöhnlich ist.

Eine der schönen Truhen aus dem Grab Tutanchamuns. Sie ist aus Holz und Elfenbein und mit Gold und Silber beschlagen. Die wichtigsten goldenen Symbole sind Schutzzeichen, auch das Ankh, eine T-Form mit einer Schlaufe am oberen Ende. Es bedeutet „Leben". Unter den Hieroglyphen um die Kanten der Truhe befinden sich auch die ovalen Kartuschen mit dem Namen des Königs.

Einige der vielen Werkzeuge der Zimmerleute. Von links nach rechts: Gerät zum Polieren und Glätten, Bronzemeißel, Locheisen aus Bronze mit Holzgriff und Dechsel mit Bronzeklinge, die mit Leder am Holzgriff befestigt ist.

Fragment eines Reliefs aus der 18. Dynastie. Links sind Steinmetze bei ihrer Arbeit und Lehmziegel zu sehen, rechts ein Querschnitt durch ein Haus.

Goldene Halskette aus dem Grab Psusennes' I. (1039–991 v. Chr.) in Tanis. Das wunderbare Schmuckstück trägt in einer ovalen Kartusche den Namen des Königs und wiegt mehr als 6 kg. Nur die Funde aus dem Grab Tutanchamuns werden als noch bedeutender als die von Tanis angesehen.

Juweliere

Schon sehr früh benutzten die Ägypter für Schmuckstücke Gold, Lapislazuli, Amethyst und Türkis. Im Mittleren Reich stellten Juweliere sehr elegante Stücke her, von denen die meisten erhalten sind, da sie mit ihrem Besitzer begraben wurden. Handwerker nahmen Drillbohrer, um Perlen und Edelsteine zu durchbohren, und legten Juwelen in Holz, Metall und Glasmasse ein. Mit leicht zu bearbeitendem Blattgold wurden hölzerne Statuen und andere Objekte überzogen. Die meisten Juweliere waren vermutlich im Königspalast, in Tempelwerkstätten und zur Arbeit am Königsgrab angestellt. Auch ärmere Leute trugen Schmuck – allerdings aus weniger wertvollen Edelsteinen oder glasierter Keramik.

Holzarbeiter

Die alten Ägypter arbeiteten viel mit Holz. Dazu wurden seit der Zeit der frühen Dynastien Kupferwerkzeuge verwendet. Man benutzte das Holz verschiedener Bäume, z. B. Maulbeerfeige für Särge, Tische sowie Truhen, Esche für Bogen und andere Waffen und Akazie für Boote. Zeder wurde aus dem Libanon für Schiffe und die besten Särge importiert. Tischler zogen lange Sägen durch das Holz, um es in Bretter zu zerschneiden, die dann mit Dechseln geformt wurden. Sie benutzten Hammer und Meißel für Fugen, Ahlen und Drillbohrer um Löcher zu bohren. Möbel für zu Hause waren vor allem Tische, Stühle, Hocker und Ablagen für Töpfe. Die Holzarbeiter bewiesen großes technisches Geschick beim Herstellen von zweirädrigen Wagen, die von den einfallenden Hyksos um 1700 v. Chr. eingeführt worden waren. Sie schnitzten außerdem große, massive Statuen und kleine Modelle als Grabbeigaben.

Goldsandalen aus dem Grab von König Scheschonk II. (um 890 v. Chr.). Sie stellen eine wichtige Grabbeigabe dar, da man glaubte, dass der König damit ins Jenseits gehen konnte.

Auf dieser Situla, einem eimerartigen Behälter aus Bronze aus dem privaten Grab eines Architekten aus der Zeit um 1400 v. Chr., sind Hieroglyphen mit dem Namen des Besitzers eingraviert.

Metallbearbeitung

Das erste in Ägypten verwendete Metall war Kupfer. Es wurde in der Wüste östlich des Nils und im südlich gelegenen Nubien abgebaut. Seit dem Mittleren Reich fügte man Zinn hinzu, um die härtere und stabilere Bronze herzustellen. Metall wurde über einem Holzkohleofen geschmolzen und in Tonformen gegossen. Wenn es abgekühlt war, wurde ihm mit dem Hammer die endgültige Form gegeben. Etwas Eisen wurde importiert, wahrscheinlich in Ägypten selbst bis zum 6. Jh. v. Chr. aber nicht erschmolzen. Goldschmiede hämmerten ihr wertvolles Metall gewöhnlich zurecht oder schmolzen es ein und gossen es in Formen. Sie bedienten sich außerdem der Granulationsmethode, bei der Goldkörnche auf die Objekte gelötet werden.

Mit einem Blumenrelief verzierte, bemalte Steingutvase aus der Ptolemäerzeit (305–330 v. Chr.).

Diese reich verzierte Situla aus Bronze ist wesentlich jünger als die darüber abgebildete. Priester verwendeten sie bei speziellen Zeremonien als Weihwasserbehälter. Sie verjüngt sich nach unten, so dass sie in einen Ständer gestellt werden konnte.

Dieses Keramikgefäß wurde um 1400 v. Chr. auf einer einfachen Scheibe gefertigt. Seine hohe Form mit dem langen Hals und der Stil der Malerei sind typisch für das Neue Reich, in dem Töpferwaren entstanden, die dekorativer waren als in früheren Dynastien. Auf die Vase ist auch das heilige Udjat-Auge des Horus aufgemalt.

Dieses elegante Bronzebecken und der hohe Krug aus der Zeit um 1400 v. Chr. wurden von ihrem Besitzer vermutlich verwendet, um sich die Hände vor dem Essen zu waschen.

Töpferei

Man verwendete Lehm und Schlamm aus dem Nil, um Ton für Töpferwaren zu gewinnen. Ein Töpfer formte die Gefäße, polierte sie mit Kieseln, um ihnen ein rotes Aussehen zu verleihen, und brannte sie dann in einem Brennofen. Diese Art von Töpferware heißt „Nilschlamm-Keramik", eine weitere, für die man anderen Ton aus Oberägypten nahm, „Mergel-Tonware". Die Töpfer stellten Aufbewahrungskrüge, Kochtöpfe und Serviergefäße her. Sie benutzten eine Scheibe, die mit der einen Hand gedreht wurde, während die andere den Ton formte. Nach ungefähr 500 v. Chr. verwendete man eine fußbetriebene Scheibe, mit der man die Gefäße viel schneller fertigen konnte. Ob und in welchem Stil Gefäße bemalt oder dekoriert wurden, änderte sich mit den Dynastien und Zeiten.

Textilien

Fast alle ägyptischen Kleider bestanden aus Leinen, das man aus der Flachspflanze gewann. Flachs musste in äußerst mühsamer Arbeit, die vor allem von Männern verrichtet wurde, aus der Erde gezogen werden. Die Halme wurden dann in Wasser eingeweicht, geklopft und schließlich gekämmt, um sie zu zerfasern. Spinnerinnen spannen die Fasern dann zu Garn, das auf einem einfachen, am Boden befestigten Holzwebrahmen zu Leinen verwebt wurde. Die meisten ägyptischen Kleider bestanden aus schlichtem weißen Leinen. Es wurden auch Teile aus Wolle gefunden, doch Fachleute nehmen an, dass ihr Gebrauch ein religiöses Tabu war. Baumwolle und Seide wurden erst in der Römischen Zeit eingeführt.

Unten: Ein Stück Millefioriglas mit dem charakteristischen Blumenmuster. Dünne, verschiedenfarbige Glasstäbe wurden in einer heißen Glasmasse zusammengeschmolzen, um bunte Streifen herzustellen.

Teil eines verzierten Beerdigungspektorals oder Brustschmucks aus der Ptolemäerzeit. Es ist aus Glasmasse gemacht und mit Gold und Silber überzogen.

Flachs und Leinen

Flachshalme und -fasern zur Leinenherstellung (oben) in drei verschiedenen Phasen der Bearbeitung. Mit der Spindel wurden die Fasern zu festem Garn zum Weben versponnen. Die Leinenstücke mit farbigen Borten stammen aus der Zeit des Neuen Reiches. Leinenkleidung musste ständig gewaschen werden, und so gab es im Neuen Reich in den Dörfern Berufswäscher. Die alten Ägypter bemühten sich sehr, ihre Kleider sauber und ordentlich zu halten.

Glasherstellung

Die Kunst der Glasherstellung wurde wahrscheinlich im 15. Jh. v. Chr. in Ägypten eingeführt. Anscheinend betrachteten die Ägypter Glas als eine Art Edelstein. Es wurde hergestellt, indem man Quarzsand und Natron in Schmelztiegeln aus Ton erhitzte und Kupfer hinzufügte, um grünes oder blaues Glas zu gewinnen. Die geschmolzene Masse goss man dann in Formen oder rollte sie zu dünnen Stäben. Für die Gefäßherstellung wurde ein Kern aus Sand und Lehm in geschmolzenes Glas getaucht. Reines und farbiges Glas legte man auch in Metallschmuck und andere Materialien ein. Die Technik des Glasblasens entwickelte sich erst im Laufe des 1. Jhs. v. Chr.

Bemalte Kalksteinbüste der Nofretete (um 1350–1334 v. Chr.), der Hauptfrau König Echnatons. Sie war eine sehr mächtige Frau, scheint aber später während der Herrschaft ihres Gatten verschwunden zu sein. Auf Echnaton folgte Semenchkare als König, eine geheimnisvolle Person, die einige Experten für Nofretete halten.

Der Falkengott des Himmels Horus wurde seit der Zeit der ersten Dynastien als der Hauptgott des Königtums gefeiert.

Könige und Königinnen

Der ägyptische König, den wir auch Pharao nennen, übte absolute Herrschaft über sein Volk aus. Die Ägypter sahen in ihm einen lebendigen Gott, der den Himmelsgott Horus verkörperte und der ihrer Welt Ausgeglichenheit, Erfolg und Wohlstand sicherte. Sie glaubten, dass ohne diese göttliche Macht des Königs das Chaos herrschen würde. Der König war auch der oberste Hohepriester, der sich um alle Götter kümmerte und sie verehrte, obwohl er diese Verantwortung anderen Priestern übertrug. Er war gleichzeitig irdischer Herrscher und militärischer Anführer. Wir nennen seine Gemahlin „Königin“, aber für die Ägypter war sie die „große königliche Gemahlin“. Die meisten Könige hatten mehrere Frauen. Danach folgte als Nächste in der Hierarchie die Mutter eines Königs (oder „Königinmutter“). Einige wenige Frauen herrschten selbst als Pharaonen über Ägypten.

Die wichtigste Aufgabe des Königs
Die wichtigste Rolle und Aufgabe eines ägyptischen Königs bestand darin, die Mächte des Chaos zu bekämpfen und das empfindliche Gleichgewicht des Lebens zu gewährleisten. Das sicherte das Weiterbestehen und den Erfolg in der gesamten Welt, wie die Ägypter sie sahen. Die Ordnung, die der König bewahren musste, wurde durch die Göttin Maat dargestellt, welche die Lieblingstochter des Schöpfergottes und die Frau des Gottes der Weisheit war. Als die Welt erschaffen wurde, lebte Maat unter den Menschen auf der Erde, und der König sorgte sich wie ein Bruder um sie. Es war so wichtig, sich um Maat zu kümmern, dass der König dazu bei Bedarf sogar Gewalt anwenden musste.

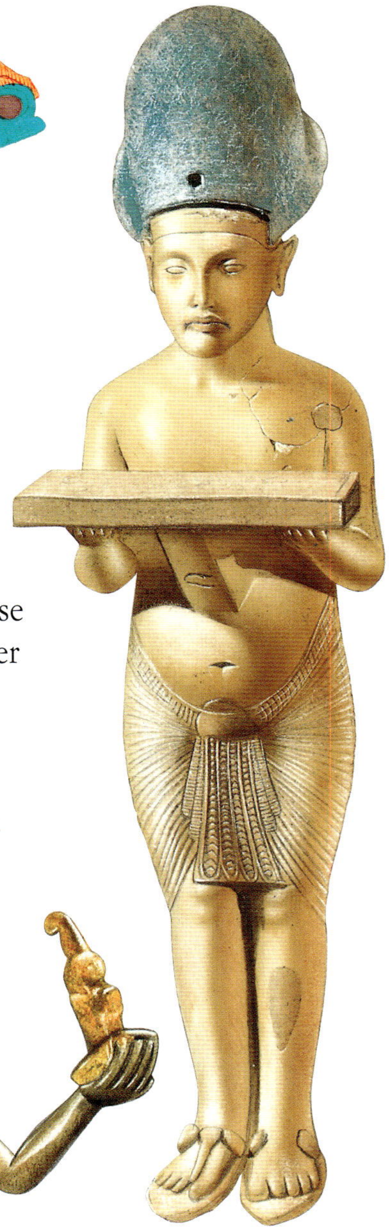

König Amenophis I. (1525–1504 v. Chr.) bringt in seiner Rolle als Hohepriester ein Opfer dar. Sein Name bedeutet „Amun ist zufrieden“. Er bezieht sich auf den als „Götterkönig“ bezeichneten Gott Amun im Tempel von Karnak.

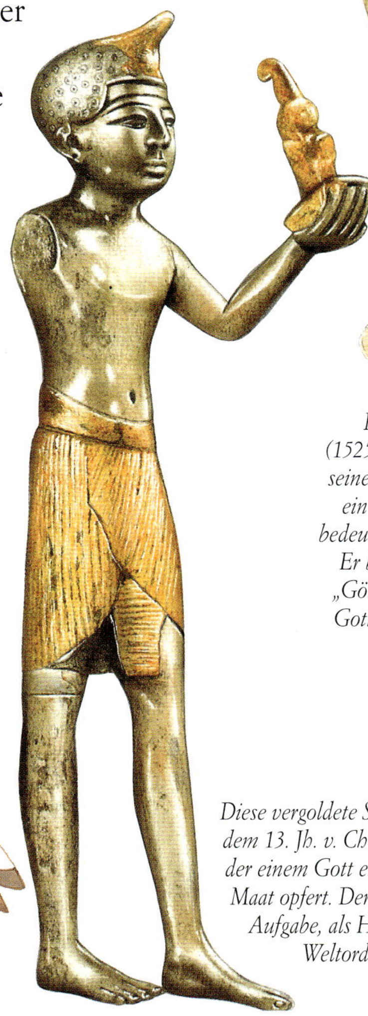

Diese vergoldete Silberstatuette aus dem 13. Jh. v. Chr. zeigt einen König, der einem Gott eine Figur der Göttin Maat opfert. Der König erfüllt seine Aufgabe, als Herrscher die Weltordnung zu sichern.

Ramses II. (1279–1212 v. Chr.), bekannt als „der Große“, war ein berühmter militärischer Anführer, der seine Heere bis in den Mittleren Osten führte. Er kämpfte in einer Verteidigungsschlacht gegen die Hethiter und heiratete später zwei ihrer Prinzessinnen. Seine Hauptfrau war Nefertari.

Königliche Symbole

Zu den vielen königlichen Symbolen gehörten verschiedene Kronen, speziell die Doppelkrone für die vereinigte Herrschaft über Ober- und Unterägypten, die noch durch den Geier und die Kobra der beiden Länder betont wurde. Weitere Zeichen waren das Zepter, der Zeremonienbart und das gestreifte Königskopftuch, wie es auf Tutanchamuns berühmter Goldmaske zu sehen ist. Zwei andere Kennzeichen waren der Krummstab als Symbol für die Herrschaft und ein Wedel, der mit den Gottheiten Osiris und Min in Verbindung gebracht wurde. Er war ursprünglich wahrscheinlich eine Fliegenklatsche.

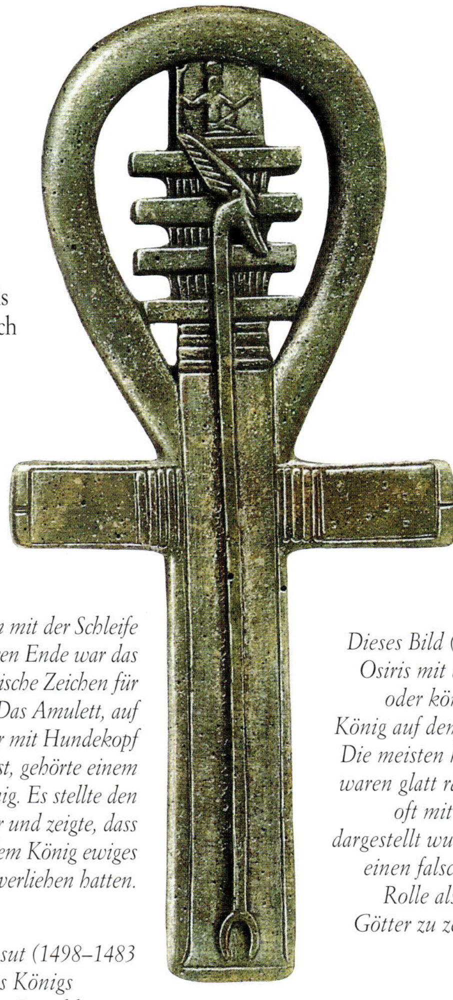

Die Kreuzform mit der Schleife am oberen Ende war das hieroglyphische Zeichen für „Leben“. Das Amulett, auf dem ein Zepter mit Hundekopf zu sehen ist, gehörte einem König. Es stellte den Wohlstand dar und zeigte, dass die Götter dem König ewiges Leben verliehen hatten.

Dieses Bild (rechts) zeigt Gott Osiris mit den Krönungsinsignien oder königlichen Symbolen als König auf dem Thron von Ägypten. Die meisten hochrangigen Ägypter waren glatt rasiert, aber da Götter oft mit geflochtenen Bärten dargestellt wurden, trugen Könige einen falschen Bart, um ihre Rolle als lebendige Götter zu zeigen.

Königin Hatschepsut (1498–1483 v. Chr.), die Tochter des Königs Thutmosis I. und seiner Gemahlin Ahmose Nefertari, heiratete ihren Halbbruder Thutmosis II.

Der weibliche König

Als König Thutmosis II. starb, ging der Thron nicht auf seine Tochter mit seiner Hauptfrau Hatschepsut über, sondern auf seinen Sohn mit einer Nebenfrau. Da Thutmosis III. noch sehr jung war, wurde Hatschepsut zur Herrscherin ernannt und wurden alle wichtigen Entscheidungen in ihre Hand gelegt. Später krönte sie sich selbst zum „König“ und regierte anstelle ihres Stiefsohnes. Die Priester des Gottes Amun unterstützten sie dabei. Während ihrer Herrschaft organisierte sie Bauarbeiten in Theben, Handelsexpeditionen nach Punt und in den Sinai sowie militärische Feldzüge. Einige Denkmäler zeigen sie mit dem Zeremonienbart und dem Gewand des Königs.

Links: Teil einer Königsliste aus dem Tempel von Ramses II. in Abydos. Diese Listen zeigen in Hieroglyphen Namen und Titel der ägyptischen Könige, Dauer ihrer Herrschaft und wichtige Ereignisse. Sie wurden von den Königen verwendet, um ihre Vorfahren zu feiern. Moderne Archäologen konnten viel aus diesen Tafeln erfahren.

Die Göttinnen Uto (links) und Nechbet (rechts) sind hier nicht als Kobra und Geier, sondern in Menschengestalt dargestellt. Sie setzen König Ptolemaios VIII. die Krone auf.

Rechts: Eine vergoldete Statuette Tutanchamuns mit der roten Krone Unterägyptens. Er greift auf einem Floß stehend mit einem Speer den Chaosgott Seth in Gestalt eines Nilpferdes an.

Dieses Relief zeigt König Echnaton (1350–1334 v. Chr.) und Königin Nofretete mit dreien ihrer sechs Töchter. Sie nehmen die Strahlen des Sonnengottes Aton auf, den sie anstelle des Amun anbeteten. Viele erachteten dies als Fehler, und die Namen des Königs und der Königin wurden später von Listen und Kunstgegenständen gestrichen.

Die Namen der Könige

Ägyptische Könige hatten fünf Namen. Die ersten vier bekam der König bei der Thronbesteigung. Der erste Name „Horus“ wurde in eine Tafel, die den königlichen Palast darstellte, geschrieben. Der Gott lebte nun im Palast oder im großen Haus (auf Ägyptisch „per-aa“, woraus sich das Wort Pharao entwickelte). Sein zweiter Name „Der beider Damen“ bezog sich auf die beiden Landesgöttinnen in Geier- und Kobragestalt, sein dritter „Goldhorus“ vermutlich auf den sonnenbeschienenen Himmel. Der vierte Name „Der des Schilfgrases und der Bienen“ spielte auf Ober- und Unterägytpen an. Der letzte, von uns verwendete Name, war der „Geburtsname“ des Königs. Er wurde mit den Worten „Sohn des Re“ (des Sonnengottes) eingeleitet.

Das Neue Reich

Nach dem Ende des Mittleren Reiches stand Ägypten etwa 100 Jahre lang unter der Fremdherrschaft der Hyksos. Mit ihrer endgültigen Vertreibung im Jahr 1570 v. Chr. begann eine Periode, die wir Neues Reich nennen. Im Neuen Reich, das bis 1069 v. Chr. dauerte, herrschten drei Dynastien ägyptischer Könige. Einer der ersten war Thutmosis I., der sich als Erster ein Felsengrab im Tal der Könige bauen ließ. Unter seiner Herrschaft und danach dehnte Ägypten sein Reich sowohl bis in den Nahen Osten als auch südwärts bis nach Nubien aus. Der Tempelbau setzte sich fort und breitete sich bis nach Nubien aus. Die Kontrolle über den Handel in Palästina und über Goldminen in der Wüste vermehrte den Wohlstand in Ägypten. Spätere Könige mussten sich gegen Hethiter, Libyer und verschiedene Seevölker verteidigen, was das Neue Reich nach und nach schwächte.

Kalksteinfigur des ersten Königs des Neuen Reiches Ahmose I. (1570–1546 v. Chr.), der die Hyksos endgültig aus der Deltaregion vertrieb. Als er in das nördlich gelegene Kanaan und das südlich gelegene Nubien einfiel, begann eine große Ära für das Ägyptische Reich.

Während der Zweiten Zwischenzeit war Ägypten in viele Königreiche zersplittert.

ÄGYPTEN WÄHREND DER ZWEITEN ZWISCHENZEIT

Die Statue aus Granit zeigt Ramses II., „den Großen" mit der blauen „Kriegskrone". In seiner langen Herrschaftszeit ließ er mehr Tempel, Statuen und Obelisken bauen als jeder andere Pharao. Er hatte acht Hauptfrauen und über 100 Kinder. Sein berühmter Kampf gegen die Hethiter wurde als großer ägyptischer Sieg bejubelt.

Dieser riesige Kopf zeigt Königin Hatschepsut.

Zweite Zwischenzeit

Die 100-jährige Zeit zwischen dem Ende des Mittleren Reiches und dem Beginn des Neuen Reiches wird Zweite Zwischenzeit (1782–1570 v. Chr.) genannt. Während dieser Zeit übernahm ein Bündnis von nubischen Anführern die Herrschaft über den tiefen Süden Ägyptens. Sie regierten ihr Königreich Kusch von Kerma aus (siehe Karte links). Die Deltaregion in Unterägypten stand unter der Fremdherrschaft der asiatischen Hyksos, die in die Region einwanderten und sie von ihrer neuen Hauptstadt Auaris aus regierten. Die Hyksos waren vermutlich auch mit den Kuschiten im Süden verbündet.

Auf diesem Relief tragen Männer aus Punt an der ostafrikanischen Küste Gaben für die von Königin Hatschepsut entsandte Handelsexpedition. Aus Punt (vermutlich dem heutigen Somalia oder Äthiopien) stammten viele exotische Produkte.

Gründung des Neuen Reiches

Während der Zweiten Zwischenzeit regierten die Könige der 17. Dynastie weiterhin von Theben aus. Die beiden letzten Herrscher der Dynastie, Seqenenre Tao II. und Kamose, zogen gegen die Hyksos in den Kampf, bis diese 1570 v. Chr. endgültig vertrieben wurden. Ahmose, der jüngere Bruder Kamoses, wurde der erste König der 18. Dynastie und gründete das Neue Reich. Ahmose organisierte das Staatswesen neu und belohnte lokale Fürsten, die ihn im Kampf gegen die Hyksos unterstützten, mit hohen Positionen. Für das Reich begann eine neue Ära.

Auaris, die Hauptstadt der Hyksos, entwickelte sich zu einer großen Stadt. Zu Beginn des Neuen Reiches bauten die Ägypter die Zitadelle um, versahen sie mit einer dicken Mauer aus Lehmziegeln und fügten eine palastartige Festung hinzu (siehe Rekonstruktion rechts).

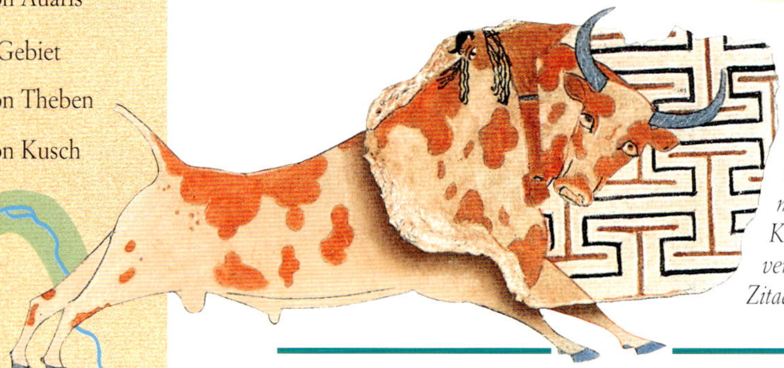

Dieses Fragment einer Wandmalerei ist eines von tausenden, die in Auaris gefunden wurden. Da die Malereien eindeutig minoischen Ursprungs sind, lassen sie vermuten, dass König Ahmose wahrscheinlich mit der großen Mittelmeermacht auf der Insel Kreta verbündet war. Die Malereien schmückten vermutlich einst die Wände der königlichen Zitadelle in der ehemaligen Hauptstadt der Hyksos.

Dieses Pektoral ist eines von über 200 Schmuckstücken, die im Grab des Tutanchamun (1334–1325 v. Chr.), eines späten Herrschers der 18. Dynastie, gefunden wurden. Es ist aus Gold, Lapislazuli und Türkis angefertigt. Das Udjat-Auge in der Mitte sollte Böses abwehren. Es stellt das Auge des Horus dar.

Das Ägyptische Reich

Seine weiteste Ausdehnung hatte das Reich vermutlich unter Thutmosis I. (1524–1518 v. Chr.), der Nubien unterwarf und durch die Grenzziehung entlang des Euphrat einen Großteil des Nahen Osten kontrollierte (siehe Karte rechts). Im Süden wurden Festungen errichtet, doch die Erhaltung einer solchen Großmacht war schwierig und teuer. Im Laufe der darauf folgenden Jahrhunderte wurde das Reich wieder kleiner. Um 1180 v. Chr. fielen Seevölker ein und siedelten sich um Gaza an.

Statue des Thutmosis III. (1504–1450 v. Chr.), der die Macht von seiner Stiefmutter Hatschepsut übernahm. Er arbeitete weiter daran, das Ägyptische Reich zu beschützen und auszudehnen. Seine militärischen Feldzüge, speziell nach Syrien und Palästina, waren so kühn und erfolgreich, dass einige Ägyptologen ihn als den „Napoleon des alten Ägypten“ bezeichneten.

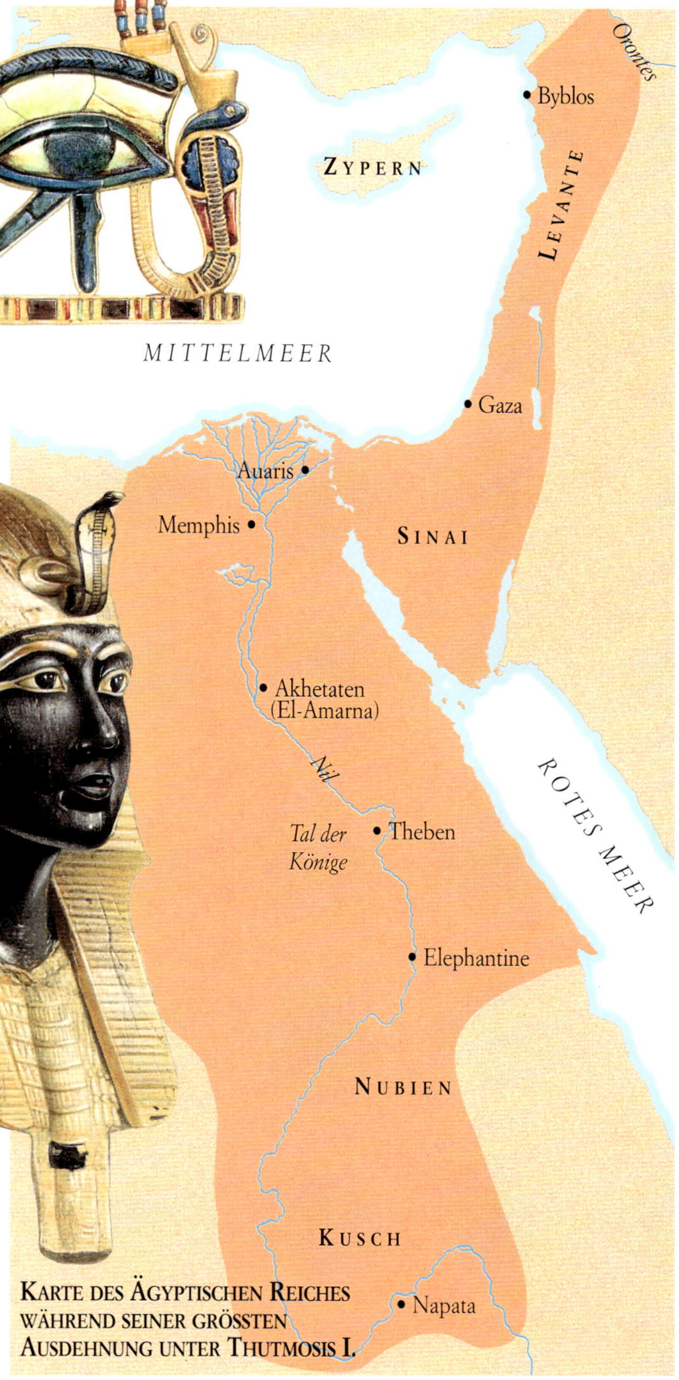

Karte des Ägyptischen Reiches während seiner grössten Ausdehnung unter Thutmosis I.

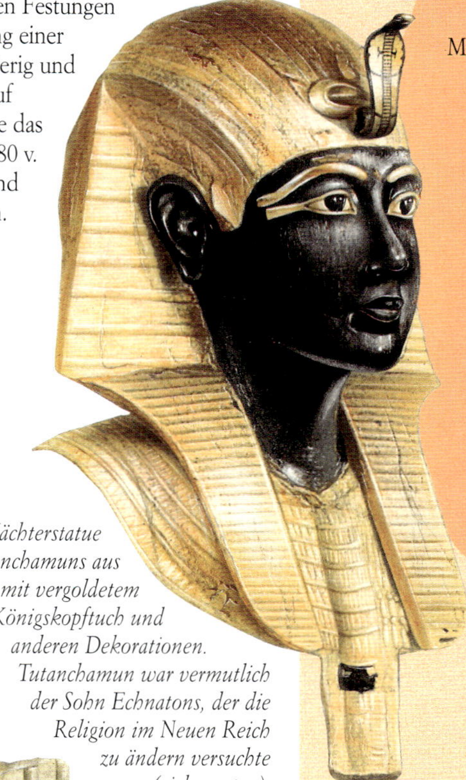

Wächterstatue Tutanchamuns aus Holz mit vergoldetem Königskopftuch und anderen Dekorationen. Tutanchamun war vermutlich der Sohn Echnatons, der die Religion im Neuen Reich zu ändern versuchte (siehe unten).

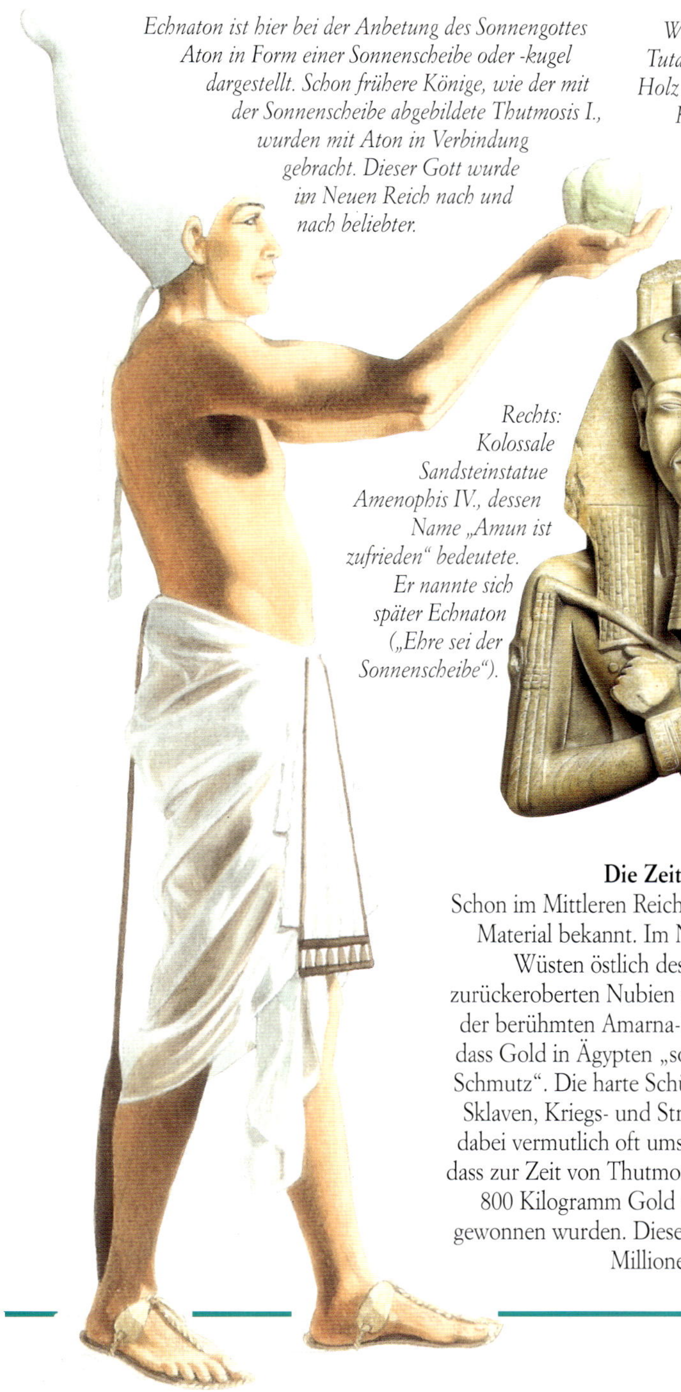

Echnaton ist hier bei der Anbetung des Sonnengottes Aton in Form einer Sonnenscheibe oder -kugel dargestellt. Schon frühere Könige, wie der mit der Sonnenscheibe abgebildete Thutmosis I., wurden mit Aton in Verbindung gebracht. Dieser Gott wurde im Neuen Reich nach und nach beliebter.

Rechts: Kolossale Sandsteinstatue Amenophis IV., dessen Name „Amun ist zufrieden“ bedeutete. Er nannte sich später Echnaton („Ehre sei der Sonnenscheibe“).

Der ketzerische Pharao

1352 v. Chr. sorgte Amenophis IV. im ersten Jahr seiner Regentschaft für Überraschung, als er in Karnak einen Tempel errichtete. Er widmete ihn Aton und nicht Amun, der schon vor sechshundert Jahren an dieser Stätte als „Götterkönig“ beschrieben wurde. Vier Jahre später änderte der Pharao seinen Namen in Echnaton um und begann bei Amarna mit dem Bau der Stadt, die er „Horizont der Sonnenscheibe“ nannte. So ersetzte er die Hauptstädte Theben und Memphis sowie den Reichsgott. Er ließ die Namen anderer Götter aus den Tempeln entfernen. Nach seinem Tod betrachteten ihn die Ägypter als Ketzer und weigerten sich, seinen Namen zu ehren.

Diese Elfenbeinstatuette aus der 18. Dynastie zeigt eine Gazelle, die auf einem bemalten Holzsockel befestigt wurde.

Diese Halskette aus Karneol mit dem vor dem Bösen beschützenden Udjat-Auge stammt aus dem Neuen Reich. Granatäpfel waren Symbole für Fruchtbarkeit.

Die Zeit des Goldes

Schon im Mittleren Reich war Gold als das wertvollste Material bekannt. Im Neuen Reich wurde in den Wüsten östlich des Nils wie auch im neu zurückeroberten Nubien viel Gold geschürft. In einem der berühmten Amarna-Briefe (siehe Seite 35) stand, dass Gold in Ägypten „so reichlich vorhanden sei wie Schmutz“. Die harte Schürfarbeit wurde meistens von Sklaven, Kriegs- und Strafgefangenen verrichtet, die dabei vermutlich oft ums Leben kamen. Es ist belegt, dass zur Zeit von Thutmosis III. in drei Jahren beinahe 800 Kilogramm Gold aus den Minen Nubiens gewonnen wurden. Diese Menge würde heute viele Millionen kosten.

Ägypten und seine Nachbarn

Die Wüste im Westen und Osten und das Mittelmeer im Norden bildeten für Ägypten einen natürlichen Schutz vor vielen Nachbarn. Handelsreisen führten die Ägypter in das nördlich gelegene Syrien und das westlich gelegene Libyen, wo Spannungen gelegentlich auch in Kriegen endeten. Auf dem Sinai im Osten mussten beduinische Nomaden wegen ihrer ständigen Angriffe auf ägyptische Türkisminen unter Kontrolle gehalten werden. Im Süden lag Nubien mit seinen wichtigen Gold-, Kupfer- und Edelsteinvorkommen. Es gab dort auch viele Rinder und Sklaven zu erbeuten und die Ägypter wussten, dass Nubien eine Brücke zu anderen afrikanischen Ländern darstellte, mit denen sie Waren gegen Ebenholz, Elfenbein und Weihrauch tauschen konnten. Hunderte von Jahren griffen sich die beiden Königreiche gegenseitig an, und die Nubier übernahmen einiges von der ägyptischen Religion, Kunst und dem Brauchtum, auch den Pyramidenbau.

Gefangener Beduine. Die Wüstennomaden stellten eine ständige Bedrohung für die Türkisminen auf dem Sinai dar und fielen sogar in Teile der Deltaregion des Nils ein.

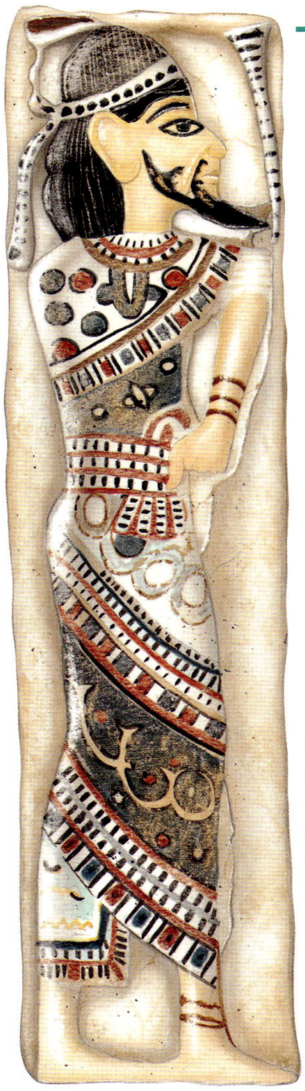

Gefangener Syrier. Unter der Herrschaft Ramses' III. vernichtete die ägyptische Kriegsflotte 1176 v. Chr. die Seevölker vor der syrischen Küste. Gleichzeitig schlugen die Ägypter das restliche Heer in Syrien.

Libyscher Gefangener. Nach ihrer Niederlage 1179 v. Chr. wurden viele Libyer nach Ägypten gebracht. Aus ihrer erzwungenen Ansiedlung heraus entwickelten sie sich zu einer mächtigen Gruppe, die später als 22. und 23. Dynastie die Herrschaft übernahm.

Gefangener Hethiter. Die wichtigste Schlacht der Hethiter gegen die Ägypter war die von Kadesch (siehe rechte Seite).

Gefangener Nubier. Die Ägypter kontrollierten immer wieder mit Unterbrechungen die im Süden gelegenen Gebiete von Nubien und Kusch.

Die Feinde Ägyptens
Die fünf Darstellungen der fremden Gefangenen sind Einlegearbeiten aus Ziegel aus dem Totentempel Ramses' III. (1182–1151 v. Chr.) in Medinet Habu. Die gefesselten Gefangenen sollen zeigen, dass sie keine weitere Bedrohung für Ägypten darstellen. Auf den geschmückten Wänden des Tempels ist in verschiedenen Szenen der Pharao bei der Vernichtung seiner Feinde auf seinen Feldzügen, speziell gegen die Libyer und Seevölker zu sehen.

Der Nahe Osten
Die ägyptische Herrschaft in Kanaan war abwechselnd von Krieg und Frieden gekennzeichnet. In Zeiten des Friedens blühte der Handel im gesamten östlichen Mittelmeerraum auf. Der Hafen Ugarit in Nordsyrien wurde zu einem wichtigen Handelszentrum. Der Warenverkehr floss von Ägypten nach Kanaan und umgekehrt. Ein Bündnis von lokalen Völkern, darunter auch die Mitanni, wurde in der Schlacht von Megiddo um 1470 v. Chr. von der Armee Thutmosis' III. endgültig besiegt. Auch die im heutigen Libanon gelegene Küstenstadt Byblos, die in den Amarna-Briefen (siehe rechte Seite) erwähnt wird, spielte für Ägypten eine wichtige Rolle.

Das Fragment einer Wandmalerei aus der Zeit um 1400 v. Chr. zeigt einen Kanaaniter, der dem Pharao Speisen, Gold und Pferde darbringt. Es könnte sich dabei um Amenophis II. handeln, der militärische Feldzüge nach Syrien und in den Nahen Osten unternahm.

Ein hethitischer Gott oder König.

Diese Wandmalerei aus dem 19. Jh. v. Chr. stammt aus dem Grab Khnumhoteps III. in Beni Hassan am östlichen Nilufer. Sie zeigt semitische Nomaden, vermutlich aus Kanaan, die mit den Ägyptern Handel treiben. Das viele Gepäck und die Frauen und Kinder deuten darauf hin, dass sich die Nomaden in Ägypten niederlassen wollten. Die Ägypter sind mit roter Haut dargestellt.

Dieses Modell der ägyptischen Infanterie im Mittleren Reich wurde um 2000 v. Chr. geschnitzt. Die Soldaten marschierten in Zehnerreihen zu je 4 Mann. Das Modell wurde als Schutz für den Toten mit in das Grab gegeben.

Das Heer

Im Neuen Reich hatte Ägypten ein organisiertes Berufsheer, das aus Infanterie und Kampfwagenabteilungen bestand. Die Armee teilte sich in eine nördliche und eine südliche Truppe. Das Gesamtkommando unterlag gewöhnlich einem der Söhne des Königs. Bei großen Feldzügen waren bis zu fünf Divisionen, jede aus 5000 Mann bestehend, im Einsatz. Jede Division war nach einem Gott benannt. Oft wurden Söldner angeworben: Nubier als Bogenschützen und Libyer als Fußsoldaten. Fremde kämpften oft unter dem Kommando ihrer eigenen Offiziere.

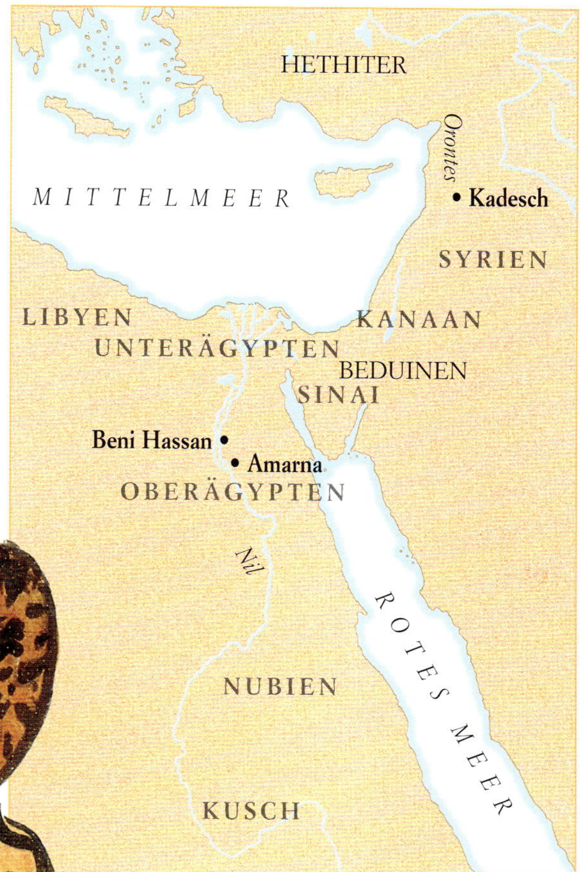

Ägyptens Beziehungen zu seinen Nachbarn waren durch Handel und Krieg bestimmt. Die um Ägypten liegenden Länder waren sowohl an sich als auch als Brücke zu entlegeneren Ländern bedeutend. Eine wichtige Handelsroute nach Zentralafrika führte z. B. durch Nubien.

Rechts: Dieser Ausschnitt aus einem Holzsarg aus dem Grab Tutanchamuns im Tal der Könige zeigt einen Ägypter im Kampf gegen die dunkelhäutigen Nubier. Tutanchamun wird in seinem Grab dargestellt, wie er sowohl Nubier als auch Syrier schlägt. Es gibt aber keinen Beweis, dass er im echten Leben tatsächlich gekämpft hat.

Der Vizekönig für Kusch

Das im oberen Verlauf des Nils an Oberägypten angrenzende Nubien war reich an Gold. Daher lag das Interesse der Ägypter immer sowohl im Handel als auch in der Eroberung. Das große Gebiet umfasste das Königreich von Kusch und ab 1550 v. Chr. amtierte 500 Jahre lang für Kusch, ein hoher Beamter als Vizekönig für den Pharao. Er wurde von den Ägyptern ernannt. Unter Amenophis III. (1386–1349 v. Chr.) wurde ein Aufstand in Nubien niedergeschlagen und der Machtbereich des Vizekönigs so erweitert, dass er auch die Goldminen ganz im Süden der Region kontrollieren konnte. Später nahmen die Vizekönige Nubier in ihr Heer auf.

Thutmosis III. packt als Zeichen der ägyptischen Vorherrschaft seine besiegten Feinde aus dem Nahen Osten an den Haaren.

Ägyptische Soldaten verwendeten Äxte und Keulen für den Nahkampf. Die elegante, vergoldete Klinge dieser Axt kam vermutlich eher bei Zeremonien als im Gefecht zum Einsatz.

Schwerter und Dolche ergänzten während der Zeit des Neuen Reiches die Waffen der Ägypter, aber die meisten Klingen waren noch eine lange Zeit nicht aus Eisen.

Zwei der 380 so genannten Amarna-Briefe aus dem 14. Jh. v. Chr. Sie sind in Akkadisch, der internationalen Sprache der damaligen Zeit geschrieben. Die Tontäfelchen sind eigentlich Briefe, die zwischen den ägyptischen Königen und deren Beamten in entfernten Teilen des Reiches geschrieben wurden. Es geht darin um diplomatische Beziehungen zu anderen Staaten und den Handel mit Gold, Glas und Eisen. Die Tafeln wurden 1887 in El-Amarna von einem Dorfbewohner gefunden, als er Schlamm zum Düngen ausgrub.

Die Schlacht von Kadesch

Eine der berühmtesten Schlachten der ägyptischen Geschichte fand um 1274 v. Chr. in der Nähe der Stadt Kadesch am Fluss Orontes in Syrien statt (siehe Karte oben). Sie wurde zwischen Ramses II. und dem Hethiterkönig Muwatalli ausgefochten. Es ging dabei um die Kontrolle über das Gebiet. Ramses' Heer bestand aus vier Divisionen und eine fünfte war auf dem Weg von der Küste des Mittelmeers. Als sich die Hauptarmee aufspaltete, wurde Ramses beinahe besiegt. Doch die zusätzliche Division kam rechtzeitig zum Rückschlag an und erzielte einen Waffenstillstand mit den Hethitern, den Ramses hinterher als großen Sieg für sich in Anspruch nahm.

Dieses bemalte Holzmodell aus einem Grab aus der Zeit um 1990 v. Chr. zeigt eine Rinderherde, die zur Berechnung der Steuern gezählt wird. Beamte und Schreiber sitzen mit dem Grabeigentümer in einem Pavillon. Vor ihnen wird ein Hirte verprügelt, der vermutlich versuchte, die Zählung zu fälschen.

Die Verwaltung Ägyptens

Als absoluter Herrscher trug der ägyptische König theoretisch die Gesamtverantwortung für die Verwaltung des ganzen Reiches. Da das in Wirklichkeit unmöglich war, setzte der König für seine Anliegen und Verwaltungsaufgaben eine Hierarchie von Beamten ein, an deren Spitze der Wesir als oberster Minister stand. Er wurde von einer Reihe regionaler Gouverneure unterstützt, die die einzelnen Gaue oder Provinzen leiteten, in die Ägypten von Anfang an unterteilt war. Die wichtigste Aufgabe von all diesen Beamten war die Erhebung von Steuern in Form von überschüssigem Getreide und Gütern, die der Königsfamilie, den Beamten selbst, den Priestern und Schreibern sowie dem Heer zukamen. Die Beamten organisierten auch Arbeiter für die wichtigsten staatlichen Bauvorhaben wie den Pyramidenbau.

Dieses Fragment einer Wandmalerei aus der Zeit um 1400 v. Chr. zeigt, wie Beamte Betrügereien zu verhindern versuchen. Ein Verwalter vermisst mithilfe einer in regelmäßigen Abständen verknoteten Schnur die Größe des reifen Getreidefeldes. Das geschah kurz vor der Ernte, um zu kontrollieren, ob die später für die Versteuerung angegebene Getreidemenge richtig war.

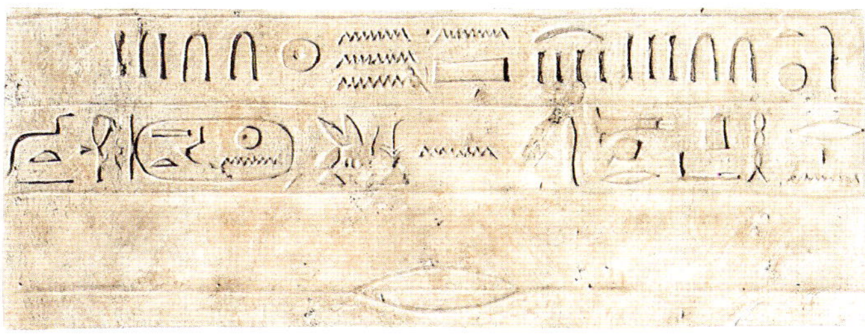

Links: Auf dieser Tafel ist der Stand des Nils bei der Überschwemmung 1831 v. Chr. gekennzeichnet. Die durch das Oval führende Linie am unteren Ende zeigt die Höhe der Flut an. Die jährlichen Steuern wurden entsprechend der von der Überschwemmung bewässerten und fruchtbar gemachten Landmenge berechnet.

Diese um 2490 v. Chr. geschnitzte Holzstatue zeigt einen Priester namens Ka-aper, der in einem Tempel, dem so genannten Haus des Lebens, amtierte. Dort unterrichtete man Priester im Lesen heiliger Texte und bildete Kinder zu Schreibern aus.

Steuern

Die Besteuerung stand im Mittelpunkt der Regierungsaufgaben im alten Ägypten. Im Allgemeinen besteuerte man landwirtschaftliche Erträge. Beamte und Schreiber wurden ausgesandt, um Felder zu vermessen und den Tierbestand, beginnend von Rinderherden bis zu Gänsescharen, zu zählen. Da es vor der Spätzeit noch kein Geld gab, bezahlte man die Steuern in Naturalien, oft in Form von Getreide, das in staatlichen Kornkammern (siehe rechts) gelagert wurde. Als Zahlungsmittel verwendete man auch andere Produkte wie Goldbarren, Leinen, Schilfmatten und sogar Honig, die in eigene staatliche Schatzkammern und Lagerhäuser weitergeleitet wurden.

Modell einer Kornkammer aus der Zeit um 2000 v. Chr. Ein Großteil der Steuern wurde in Getreide bezahlt, das unter Aufsicht und Schutz hochrangiger Beamter in diese Kornkammern gebracht wurde. Die meisten der staatlichen Getreidespeicher befanden sich in der Nähe von Tempeln und königlichen Bauwerken.

Gesetze

Als lebender Gott war der König durch göttliches Recht oberster Gesetzgeber und Richter. In der Praxis übertrug er diese Befugnisse seinen hochrangigen Beamten. Im Neuen Reich gab es einen Richterrat, genannt „kenbet", der aus regionalen Gouverneuren und Priestern bestand. Ägyptische Gesetze beruhten auf dem ethischen Prinzip „maat", dem richtigen Verhalten, das die göttliche Ordnung des Universums darstellte. Grundlage dieses Prinzips war eine allgemein gültige Ansicht von Richtig und Falsch. Die Bestrafung konnte sehr streng sein: Verdächtige wurden mit Stöcken geschlagen und Grabräuber zum Tode verurteilt. In einigen Dörfern hatten Arbeiter ihren eigenen „kenbet" für Angelegenheiten wie Diebstahl, unbezahlte Arbeit und Gewalt an Frauen.

Nach der Ernte wurde das Getreide in Gefäße gegeben und in „hekats" gemessen. 16 „hekats" waren ein „khar" oder Sackvoll. Schreiber zeichneten die Ergebnisse sorgfältig für die Berechnung der Steuern auf.

Der Wesir

Der Wesir oder oberste Minister war der höchste Beamte des Staates. Außer in religiösen und militärischen Angelegenheiten übte er als Vertreter des Königs sein Amt in allen Staatsangelegenheiten aus. Gewöhnlich trug er viele Titel wie „Leiter der königlichen Bauten" und „Königlicher Kanzler". Der Wesir hatte die Oberaufsicht über den Staat und regionale Behörden. Er war außerdem verantwortlich für die Schatzkammern und Lagerhäuser, die für die Wirtschaft Ägyptens von entscheidender Bedeutung waren. Im Neuen Reich wurde die gesamte Machtbefugnis aufgeteilt und es gab selbständige Wesire für Ober- und Unterägypten.

Ramose, Wesir unter Thutmosis III., bei einem Reinigungsritual. Er trägt die offizielle Kleidung eines Wesirs, den wadenlangen Schurz mit einem Träger um den Hals. Stab und Zepter zeigen die Machtbefugnis der hohen sozialen Schichten an.

Unten: Diese Grabmalerei aus der Zeit um 1430 v. Chr. zeigt den Saal des Wesirs Rechmire mit seinen Beamten beim Empfang. Ursprünglich war auch der Wesir selbst dargestellt, er wurde aber später entfernt. Man sieht auch den Boten des Wesirs, der seine Befehle im Land verkündete.

Zwei von drei syrischen Prinzessinnen aus dem königlichen Harem Thutmosis' III. Die Prinzessinnen wurden dem König vermutlich von einem syrischen Herrscher zur Besiegelung eines Friedensvertrages dargebracht. In Ägypten bekamen sie alle den Titel „königliche Gemahlin".

Die königliche Gemahlinnen

Als das Ägyptische Reich im Neuen Reich seine Grenzen ausdehnte, besiegelte man Friedensverträge gewöhnlich durch die Vermählung des Pharaos mit einer Prinzessin des in den Krieg oder in die Streitigkeiten verwickelten Landes. In der 18. Dynastie wurden zuerst Prinzessinnen aus Syrien entsandt (siehe oben), und später für Thutmosis IV. die aus Mitanni in Westasien. Zum Teil wollte man mit diesen diplomatischen Ehen der Bedrohung durch die Hethiter entgegenwirken. Etwas mehr als 100 Jahre danach wurde die Tochter eines Hethiterkönigs eine der vielen Gemahlinnen von Ramses II.

Ein Schreiber zählt und registriert die Anzahl der Rinder. Dies war ein wichtiges Maß für den Wohlstand eines Bauern und die Grundlage für seine Steuerzahlungen.

Aus Elfenbein geschnitzter Schreiber aus dem Mittleren Reich in typischer Pose mit dem Papyrus auf seinen Knien. Die Hieroglyphen darauf deuten auf seinen Beruf und Stammbaum hin.

Auf dieser Statue sieht man den Erbauer der dritten Pyramide von Giseh, König Mykerinos, rechts von ihm Göttin Hathor und links eine lokale Gottheit, die den 17. Gau Oberägyptens repräsentiert. Letztere trägt das Symbol ihrer Provinz auf dem Kopf.

Lokale Verwaltung

Von frühen Zeiten an war Ägypten in Verwaltungsprovinzen, so genannte Gaue unterteilt. Die Gaue trugen ursprünglich die Namen lokaler Gottheiten, aber im Mittleren Reich wurden sie nach ihren Hauptstädten benannt. Es gab die meiste Zeit über 22 Gaue in Oberägypten und 20 in Unterägypten, von denen jeder von einem Gouverneur regiert wurde. Ihre wichtigsten Aufgaben waren die Steuererhebung und die Beschaffung von Arbeitskräften für staatliche Vorhaben. Sie führten auch regionale Landvermessungen durch, die zu einem Zentralarchiv weitergeleitet wurden.

Handel

Diese Goldmünze, die gegen 350 v. Chr. vermutlich in Memphis geprägt wurde, stellt ein sich aufbäumendes Pferd dar. Die Rückseite zeigt die hieroglyphische Inschrift für „feines Gold".

Die Quelle der Existenz und des landwirtschaftlichen Reichtums Ägyptens, der Nil, war auch die wichtigste Handelsroute, da er das untere Deltagebiet mit dem oberen Gebiet von Nubien verband. Von frühen Zeiten an bereisten ägyptische Händler außerdem die Meere jenseits der Landesgrenzen: entlang der Mittelmeerküste nach Westen Richtung Libyen, im Nordosten nach Kanaan und Nahost sowie über das Rote Meer hinunter bis zu einem Land, das man Punt nannte. Die Inlandsrouten verliefen hauptsächlich durch die Wüste, und die Ägypter bauten Festungen, um ihre Karawanen vor Angriffen zu beschützen. Tauschhandel und diplomatische Verbindungen machten es möglich, ihr Getreide und ihr Leinen gegen Waren wie Zedernholz und Elfenbein einzutauschen. Vor 400 v. Chr. gab es in Ägypten kein Geld, dafür eine auf Kupfergewichten basierende Werteskala. Doch die Ägypter hatten vor allem von dem reichlich, was alle wollten – Gold.

Sklaven mit gefesselten Armen und Beinen. Als der Handel zunahm und das Reich sich ausdehnte, wurden ausländische Sklaven immer beliebter. Die meisten Sklaven waren Kriegsgefangene, die eher Gemeinschaften als Einzelpersonen gehörten. Mit ihrer Hilfe wurde vermutlich die Güterproduktion für den weiteren Handel gesteigert.

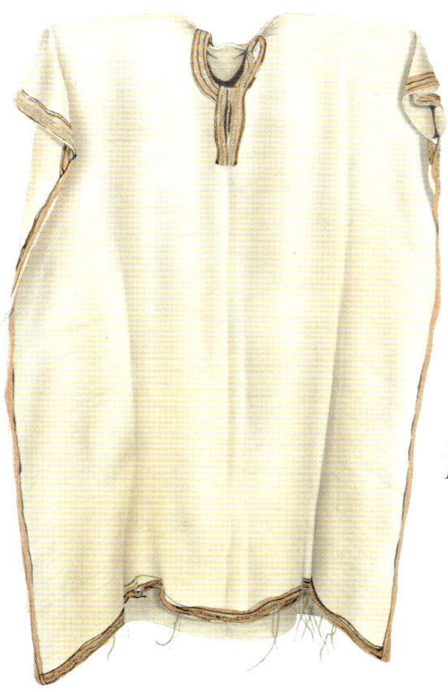

Die Ägypter handelten mit Leinen und den daraus hergestellten Kleidern. Diese Leinentunika, die man wie ein Hemd trug, wurde in einem Grab aus der Zeit um 1400 v. Chr. gefunden. Es ist eine besonders edle Tunika mit einer Borte am Halsausschnitt und am Saum. Die Alltagskleidung bestand aus schlichtem weißen Leinen.

Ein Beamter der königlichen Schatzkammer wiegt mit Gewichten goldene Ringe auf einer Waage ab. Die Ergebnisse wurden dann auf Papyrusrollen festgehalten.

Ein vergoldetes Ellenmaß aus Holz aus der Zeit um 1370 v. Chr. Die königliche Elle (52,4 Zentimeter), die der Länge eines menschlichen Unterarms entspricht, war die gebräuchlichste Längeneinheit. Sie bestand aus sieben Handbreit, die je vier Daumen breit waren. Eine Elle war daher 28 Daumen breit.

Goldene Mumienmaske König Psusennes' I. (1039–991 v. Chr.) mit Einlegearbeiten aus Lapislazuli und Glas. Das große Goldvorkommen in Nubien war einer der Gründe, weshalb die Ägypter ständig mit ihren südlichen Nachbarn Handel trieben und sie bekriegten.

Maße und Gewichte

Maße und Gewichte zu kennen war für den ägyptischen Handel sehr wichtig. Da es vor der Spätzeit keine Münzen gab, drückte man den Wert bestimmter Dinge mit Gewichten aus. Die Grundeinheit dieses Gewichts aus Kupfer nannte man „deben". Wir wissen aus Eigentumsverzeichnissen, dass eine Ziege 1 „deben" wert war und ein Bett 2,5, wobei diese Werte sicherlich schwankten. Die königliche Elle als grundlegende Maßeinheit wurde mit Stäben (siehe rechts) oder mit verknoteten Schnüren gemessen. Das Volumen von Flüssigkeiten oder auch Getreide wurde in speziellen Behältern gemessen.

Afrika

Aus Nubien bezog man Gold, Kupfer und Amethyst sowie Rinder und Sklaven. Über diese Route wurden auch viele Waren wie Ebenholz und Elfenbein nach Ägypten gebracht. Die Ägypter unternahmen zudem Handelsexpeditionen nach Punt in Ostafrika, das vermutlich dem heutigen Somalia oder Äthiopien entspricht. Sie brachten Myrrhe, andere Duftkräuter und Gewürze mit, ebenso Leopardenfelle und lebende Tiere wie Paviane und Hunde. Eine Inschrift im Tempel der Königin Hatschepsut beschreibt so eine Expedition: „Nie wurde seit Anbeginn der Welt etwas Ähnliches zu einem Herrscher gebracht."

Möbelstück aus Holz mit Einlegearbeiten aus Elfenbein aus den Königsgräbern in Kerma, der Hauptstadt von Kusch. Ungefähr von 2500–1500 v. Chr. kontrollierten die Kuschiten die Haupthandelsrouten in Nubien, die Ägypten mit dem Rest von Afrika verbanden.

Handelsrouten

Der Nil war innerhalb von Ägypten der wichtigste Handelsweg. Da der schmale, fruchtbare Landstreifen von Wüste umgeben war, hatten die dortigen Karawanenwege große Bedeutung für die Ägypter. Archäologen finden mehr und mehr Beweise, dass die Ägypter ein System von Wegen hatten, das sie überwachten und kontrollierten. Dazu gehörten größere Haltepunkte für die Karawanen, die den Händlern und Reisenden eine sichere Durchreise erlaubten. Es wurden sogar Wachttürme gebaut. Die Route nach Punt führte Händler und Entdecker durch die östliche Wüste zum Roten Meer. Von dort aus segelten sie die ostafrikanische Küste hinab.

Warenaustausch

Die Ägypter exportierten hauptsächlich landwirtschaftliche Produkte (meist in Form von Getreide), Papyrus, Leinen und Gold. Aus dem Libanon importierten sie Zedernholz für den Schiffbau und die Sargherstellung. Aus Afrika bezogen sie Ebenholz und Elfenbein (von den Stoßzähnen der Elefanten) für die Dekoration von Möbelstücken. Weihrauch, Myrrhe und Öle für Parfüms und Kosmetika kamen aus Ostafrika und Arabien. Später wurde Eisen importiert, um stabile Werkzeuge und Waffen herzustellen.

Dieses Modell eines ägyptischen Dieners, der ein Gefäß trägt, geht auf 1350 v. Chr. zurück. Das Gefäß ist eine originalgetreue Miniaturnachbildung jener Art von Behältnissen, die damals aus Syrien importiert wurden.

DIE WICHTIGSTEN HANDELSGÜTER ÄGYPTENS

Dieses schöne Goldarmband mit eingelegtem Lapislazuli stammt aus dem 13. Jh. v. Chr. Für die Ägypter stellte das Blau des Lapislazuli den Himmel dar. Der Stein kam in Ägypten nicht vor, er wurde aus dem fast 3.000 Kilometer entfernten Afghanistan importiert.

Diese Vase in Gold und Silber mit ziegenförmigem Griff stammt aus dem Neuen Reich. Ihr Stil mit den fantastischen Greifen, die auf dem breiten Hals eingraviert sind, zeugt von asiatischen Einflüssen. In dieser Zeit hatten die Ausdehnung des Ägyptischen Reiches und die Kontakte mit dem Ausland ihren Höhepunkt erreicht.

Diese Wandmalerei aus der Zeit um 1450 v. Chr. zeigt einige afrikanische Produkte, die von den Ägyptern geschätzt und importiert wurden: Leoparden, Paviane, Ebenholz, Elfenbein und Straußeneier.

Tauschhandel

Handel inner- und außerhalb Ägyptens bedeutete vor allem Tauschhandel – den Austausch von Waren mit demselben Wert. Jeder einzelne Gegenstand hatte einen Wert, den man zahlenmäßig in Kupfer-„deben“ ausdrückte. Dadurch konnten mehrere Gegenstände von geringerem Wert gegen andere, wertvollere Dinge getauscht werden. Wenn sie mit Fremden, z. B. aus Punt handelten, schienen die Ägypter einfach ihre Ware zum Tausch gegen das, was sie wollten, angeboten zu haben. Mit den Staaten des Nahen und Mittleren Ostens wurde hochwertige Ware jedoch oft in Form diplomatischer Geschenke ausgetauscht. So schickten z. B. fremde Herrscher Geschenke nach Ägypten und baten im Gegenzug um goldene Statuen.

Vorderasien

Schon zur Zeit der ersten Dynastien gab es Seehandel zwischen Ägypten und der Mittelmeerküste Syriens. Für die Königsgräber in Abydos wurde importiertes Holz verwendet. Im libanesischen Hafen Byblos entdeckte man eine Vase aus der 2. Dynastie. Während des Alten Reiches florierte der Handel mit Byblos, zu dem vielleicht auch die Einfuhr von Lapislazuli aus Afghanistan gehörte. Der Aufstand der Hethiter veränderte während des Neuen Reiches die Situation, und die Kontrolle über Vorderasien wurde durch den Krieg unterbrochen.

Die Einheit von Metallgewichten wie diesem in Form eines Hasens war das Kupfergewicht „deben“ (= 10 „kite“). Die Gewichte wurden zur Bestimmung von Warenwerten benutzt.

Dieses Alabastergefäß aus dem Neuen Reich verwendete man, um Flüssigkeitsmengen zu bestimmen. Steingewichte wurden wie Metallgewichte benutzt, leichtere Gewichte waren aus Ton.

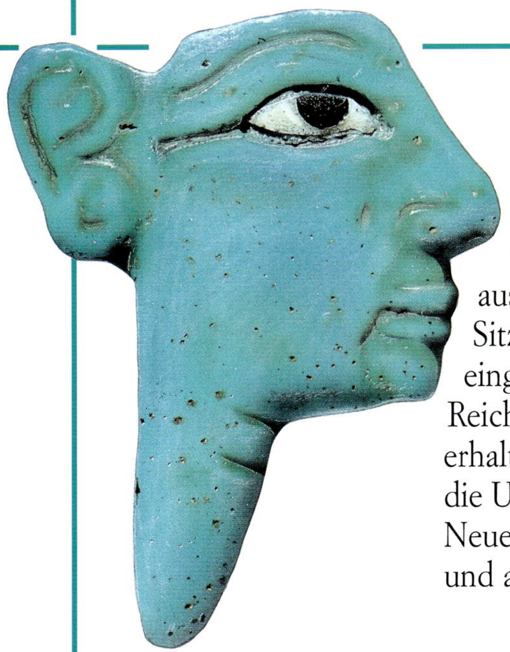

Ägyptische Kunst

Bei den frühesten ägyptischen Kunstwerken, die Archäologen zum Studium erhalten geblieben sind, handelt es sich größtenteils um Werke aus Stein. Eine der ersten königlichen Skulpturen ist eine fast lebensgroße Sitzfigur König Djosers aus der Zeit um 2650 v. Chr. Reliefs oder in Stein eingeritzte Bilder zierten die Wände von Tempeln und Gräbern im Alten Reich. Von den Malereien der frühen Dynastien blieb natürlich weniger erhalten, sie waren jedoch ähnlich wie die Gravuren gestaltet. Zuerst wurden die Umrisse gezeichnet und gleichmäßig glatt mit Farbe ausgefüllt. Aus dem Neuen Reich stammen so viele ausgezeichnete Grabmalereien aus Theben und anderen Stätten, dass es oft als „Goldenes Zeitalter" der ägyptischen Malerei bezeichnet wird. Obwohl sich die Stile über tausende von Jahren insgesamt nicht wesentlich veränderten, wurden die einzelnen Techniken besser und vielschichtiger.

Diese Profildarstellung aus leuchten blauem Glas stammt aus dem Neuen Reich. Für die Augen verwendete man bunte Steine.

Uschebti aus Fayence aus der Zeit um 1350 v. Chr. Diese Figurinen in Form von Mumien mit Inschriften wurden in Gräber gelegt, um den Verstorbenen im Jenseits zu helfen. Sie entwickelten sich im Mittleren Reich. Es gab sie auch aus Holz, Ton, Wachs, Stein, Bronze oder sogar Glas.

Schöne Terrakottafigur mit der Darstellung einer Tänzerin aus vorgeschichtlicher Zeit (um 4000–3500 v. Chr.). Funde in Nakada und anderen Orten aus derselben Zeit zeigen Tonarbeiten und Elfenbeinkämme.

Unten: Ausschnitte von zwei Szenen aus Wandmalereien in einem Grab der antiken Stadt Hierakonpolis. Eine zeigt weiße Schiffe mit dunklen Kajüten auf einem Fluss, die andere verschiedene Tiere.

Frühe Wandmalerei

Die erstaunlichen Werke im so genannten Bemalten Grab 100 bei Hierakonpolis (links) sind die frühesten Wandmalereien, die in Ägypten gefunden wurden. Sie stammen aus der Zeit um 3300 v. Chr. und wurden 1898 von den Archäologen James Quibell und Frederick Green entdeckt, die dort mehr als 200 vorgeschichtliche Gräber öffneten. Doch das in Fels gehauene Grab 100 stach hervor. Die Wände waren mit Lehmziegeln ausgekleidet, und in einer großen Kammer wurden die Oberflächen geglättet und Malereien aufgetragen. Leider wurde die Lage des Grabes nicht eindeutig aufgezeichnet, und es ging im Wüstensand unter.

Granitstatue der Hatschepsut aus deren Totentempel in Deir el-Bahari, datierbar um 1460 v. Chr. Sie regierte als Pharao und trägt hier den königlichen Zeremonienbart. Sie sitzt in Opferhaltung und hält ein Wassergefäß für Rituale in den Händen.

Bemalte und stuckierte Stele aus Holz aus der Zeit um 850 v. Chr. Links der falkenköpfige Sonnengott Re-Harachte, der Leben spendende Strahlen von der Sonnenscheibe über seinem Kopf auf die Opferbringerin aussendet.

Papyrus und Lotos

Beide Pflanzen sind in der ägyptischen Kunst von jeher sehr stark vertreten. Papyrus war die Wappenpflanze der Deltaregion und Unterägyptens, die er auch auf der bemalten Stele links des Sonnengottes darstellt (rechts). Da Papyrus im Nilschlamm wuchs, glaubte man, dass er auch auf dem Urhügel der Schöpfung wuchs und verzierte mit ihm Säulen in Tempelhöfen (siehe Seite 26). Die Lotosblume oder Wasserlilie stand für Oberägypten. In Schöpfungsgeschichten geht die Sonne in einer Lotosblüte auf, die auf dem Urgewässer schwimmt. Der Lotos erscheint rechts auf der Stele.

Tutanchamuns Thron, das wohl berühmteste Möbelstück des alten Ägypten. Er besteht aus Goldplatten mit eingelegten Halbedelsteinen und buntem Glas auf einem Holzrahmen. Die Beine sind oben mit Löwenköpfen, unten mit Löwenfüßen dekoriert.

Eine prächtige Maske

Tutanchamuns Totenmaske ist das wahrscheinlich bekannteste Kunstwerk der ägyptischen Geschichte überhaupt. Sie besteht aus zwei aufeinander gehämmerten Goldplatten, in die Karneol, Lapislazuli und buntes Glas eingelegt sind. Die Maske wiegt insgesamt ungefähr 10 kg.

Mit dem Zauberspruch auf der Rückseite werden die Götter gebeten, alle Gesichtszüge des Königs zu beschützen. Die das königliche Gesicht darstellende Maske soll dem Geist Ba helfen, den Körper wieder zu erkennen. Ihre Pracht und die schönen Details machen aus ihr noch nach über 3000 Jahren ein bleibendes Kunstwerk.

Tutanchamuns Totenmaske bedeckte das Gesicht der königlichen Mumie. Dies hatte einen praktischen Zweck, denn als man sie fand, war das Gesicht der am besten erhaltene Teil der Mumie.

Detail der Rückenlehne des Throns (oben) mit den Figuren von Tutanchamun und seiner Gemahlin Anchesenamun. Der König sitzt entspannt da, die Königin hält ein Salbengefäß in der linken Hand.

Materialien

Ägyptische Künstler verstanden es perfekt, eine Vielzahl von Werkstoffen zu verarbeiten. Ein gutes Beispiel ist Tutanchamuns Thron (oben und rechts). König und Königin sind unter den Strahlen der Sonnenscheibe, dem Symbol des Gottes Aton, sehr genau abgebildet. Dazu verwendete der Künstler außer Gold auch Silberplatten, buntes Glas, Fayence und Halbedelsteine. Allein der Schurz des Königs besteht aus fast 500 winzigen Stückchen verschiedenster Materialien, von denen jedes einzelne absolut genau geschnitten und eingelegt wurde.

Farben

Seit den ersten Dynastien wurde in Gräbern und auch sonst auf Gipsoberflächen gemalt. Diese wurden in einen quadratischen Raster eingeteilt, auf dem Zeichner die Konturen zogen. Maler trugen dann die Farben auf und die Zeichner zogen die Umrisse für gewöhnlich in Dunkelbraun oder Schwarz nach. Gelb, Rot und Braun gewann man aus dem Mineral Ocker. Mit aus Kalk gewonnener weißer Farbe wurden auch andere Farben vermischt, um sie aufzuhellen. Für Blau zerrieb man eine Kupfersubstanz zu Pulver, Schwarz bestand in der Regel aus Ruß.

Unten: Dieser verzierte Brustschmuck, auch Pektoral genannt, besteht aus Gold mit eingelegten Halbedelsteinen. Es ist eines der mehr als 200 Schmuckstücke aus Tutanchamuns Grab. Das Udjat-Auge im oberen Teil soll Böses abwehren. Auch hier sind Lotos- und Papyruspflanzen dargestellt.

Holzmodelle von Dienern wurden in Gräber gelegt, um dem Verstorbenen im Jenseits zu helfen. Dieses bemalte Holzmodell aus der Zeit um 2270 v. Chr. zeigt einen Mann mit seinen Händen in einem Steingutgefäß mit gärendem Bier. Modelle von Männern und Frauen beim Mahlen von Getreide und bei der Brotherstellung waren auch sehr häufig.

Diese scherzhafte Tintezeichnung auf einem Kalksteinfragment aus dem 12. Jh. v. Chr. zeigt eine Katze, die einen langen Stab schwingt, um einen Gänseschwarm zu hüten.

Unbekannte Künstler

Im alten Ägypten diente Kunst meist religiösen Zwecken. Deshalb war es wesentlich, dass die dargestellte Person, ob Gott, König oder andere wichtige Figur, mit einem Namen benannt werden konnte. Der Name des Künstlers erschien jedoch sehr selten. Die Künstler arbeiteten z. B. bei der Ausschmückung eines Grabes normalerweise in Teams, und so war es wichtig, keinen ungewöhnlichen Stil zu entwickeln. Trotzdem ist die meiste altägyptische Kunst lebendig und einfallsreich, als ob die Schöpfer durchaus zufrieden damit gewesen wären, anonym zu bleiben.

Ausschnitt aus einer Wandmalerei in Theben aus der Zeit um 1100 v. Chr. mit einer wild aussehenden Katze, die den Sonnengott Re darstellt. Vor einem heiligen „Isched"-Baum tötet er den Schlangengott der Unterwelt Apophis.

Alltagsleben

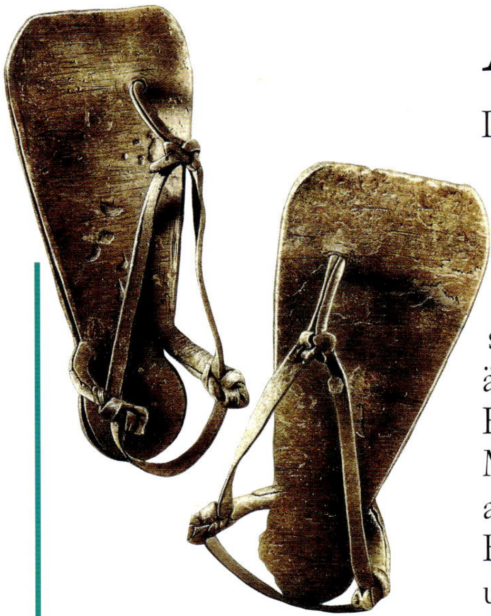

Mit Papyrusgarn wurden Ledersandalen genäht, üblicher waren allerdings Schilfrohrsandalen.

Die meisten ägyptischen Frauen und Männer lebten mit ihren Familien in Häusern aus sonnengetrockneten Lehmziegeln. Die Häuser waren meistens bis auf ein paar Hocker und niedrige Tische ziemlich kahl. Reichere Familien hatten größere Häuser mit Gästezimmern und schönen Gärten. Der Stil der Kleidung und der Frisuren änderte sich im Verlauf der Jahrhunderte kaum. Die meisten Erwachsenen arbeiteten den größten Teil des Tages – die Männer auf den Feldern, die Frauen im Haus – aber es gab auch viele Spiele und Unterhaltung. Erwachsene spielten das Brettspiel „senet“ und Kinder mit verschiedenen Haustieren und Spielsachen. Musik war beliebt und manchmal stellten reiche Leute Berufsmusiker an. Die Menschen beteten auch zu Hause zu Göttern wie dem fröhlichen Zwergengott Bes und besaßen von manchen Göttern sogar Statuetten.

Viele Erwachsene rasierten sich den Kopf kahl, wer Haar hatte, pflegte es jedoch sorgfältig. Besonders für Frauen waren schwere Perücken üblich. Kämme wie diesen benutzte man für echtes und künstliches Haar.

Modell einer Frau, die auf einem Steinblock Getreide zu Mehl mahlt. Oft gelangten dabei feine Steinteilchen ins Brot und rieben den Menschen die Zähne ab. Einfache Leute verbrachten viel Zeit mit Brotbacken und Bierbrauen.

Bild von Khaemwaset, dem Sohn Ramses' III. Kindern und jungen Männern oder Mädchen rasierte man oft, wie hier dargestellt, die Haare bis auf eine seitliche Strähne ab, die über das Ohr fiel und manchmal geschmückt und geflochten wurde.

Hocker aus Holz. Niedrige Stühle und Hocker waren üblich.

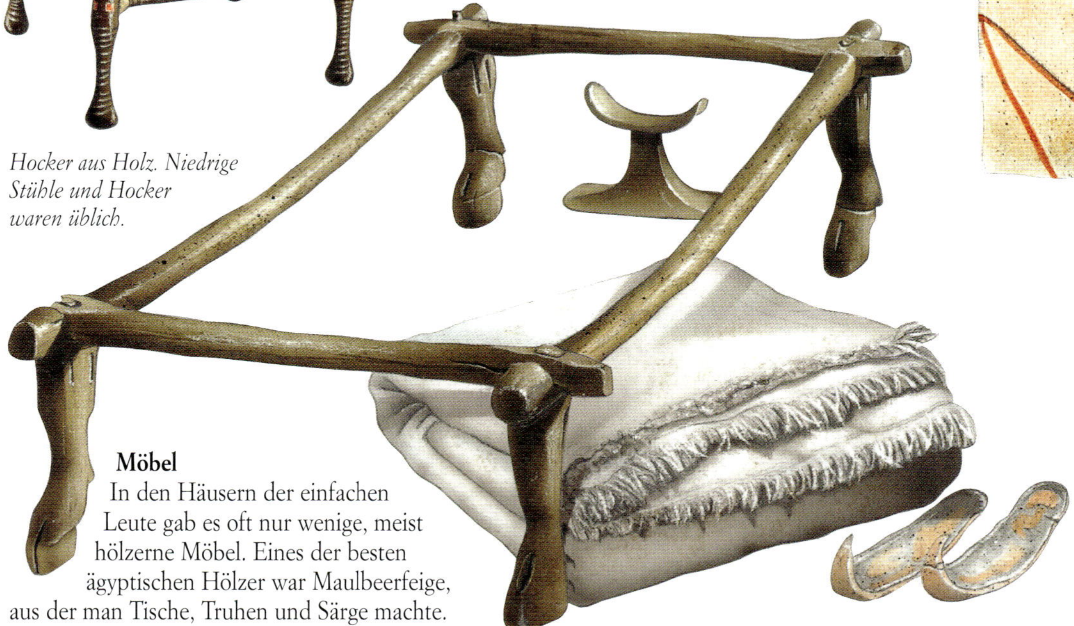

Hölzerner Bettrahmen mit Kopfstütze, Decke und Pantoffeln. Es gab aus Binsen gemachte Matratzen und Kopfstützen statt Kissen.

Möbel

In den Häusern der einfachen Leute gab es oft nur wenige, meist hölzerne Möbel. Eines der besten ägyptischen Hölzer war Maulbeerfeige, aus der man Tische, Truhen und Särge machte. Man benutzte niedrige Tische mit dazu passenden niedrigen Stühlen und Hockern. Holzkisten und Truhen dienten der Aufbewahrung. Mit erhöhten Betten auf Beinen und mit hölzernen Kopfstützen versuchte man, krabbelnde Insekten fern zu halten. Viel von unserem Wissen verdanken wir einer Reihe von Möbelstücken, die man im Grab des Architekten Kha fand, der in einem Arbeiterdorf beim Tal der Könige wohnte.

Musik war ein beliebter Zeitvertreib und viele verschiedene Instrumente wurden gespielt. Manche Frauen sorgten als Berufsmusikerinnen für die Unterhaltung anderer. Diese Frau spielt auf einer frühen Form der Leier.

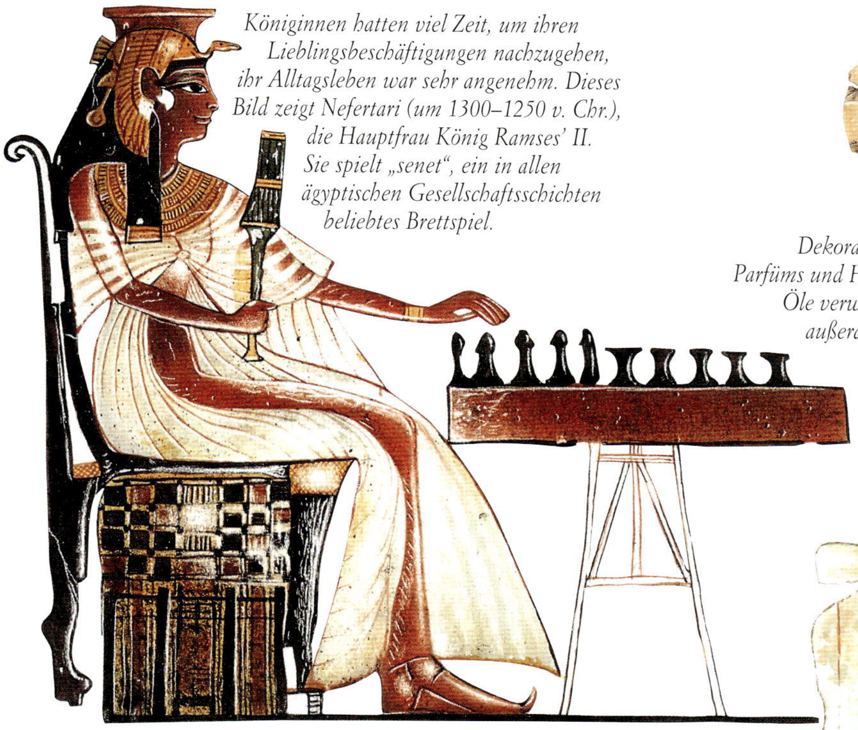

Königinnen hatten viel Zeit, um ihren Lieblingsbeschäftigungen nachzugehen, ihr Alltagsleben war sehr angenehm. Dieses Bild zeigt Nefertari (um 1300–1250 v. Chr.), die Hauptfrau König Ramses' II. Sie spielt „senet", ein in allen ägyptischen Gesellschaftsschichten beliebtes Brettspiel.

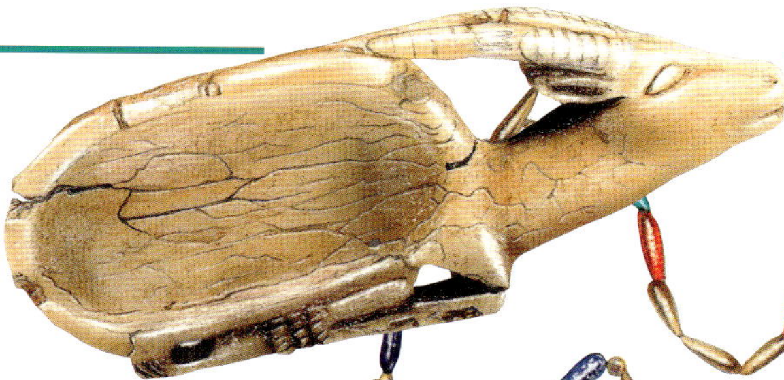

Dekorativer Parfümbehälter. Für Parfüms und Hautschutzcremes wurden Öle verwendet, Frauen benutzten außerdem Augenschminke und andere Kosmetika.

Frauen trugen Halsketten, Armbänder und Ringe.

Wer es sich leisten konnte, hatte neben dem Haus gerne einen Garten mit vielen Bäumen wie Maulbeerfeigen und Dattelpalmen. In manchen Gärten gab es einen Teich mit Fischen und Seerosen. Ein Garten muss sehr entspannend gewesen sein, aber ärmere Leute hatten viel weniger Platz.

Kinderspiele

Ägyptische Kinder hatten alle möglichen Spielsachen und Spiele: Babys besaßen Rasseln und größere Kinder Kreisel und Bälle aus Holz, Leder oder Schilfrohr. Kinder aus wohlhabenderen Familien hatten Spielzeugkatzen oder -krokodile aus Holz mit beweglichen Kiefern sowie Puppen und Pferde auf Rädern. Ärmere Kinder stellten sich mit Nilschlamm ihre eigenen Tierfiguren her. Jungen spielten mit Spielzeugäxten und Mädchen mit Stoffpuppen, die eigene kleine Betten hatten. Wenn kleine Kinder starben, begrub man sie für gewöhnlich mit ihrem Spielzeug. Man glaubte, sie könnten im Jenseits damit spielen.

Die Ägypter liebten das Familienleben, wie man auf diesem Wandbild aus der Zeit um 1150 v. Chr. sieht. Die Eltern, besonders die Mütter, verbrachten so viel Zeit wie möglich mit ihren Kindern. Ägyptische Künstler stellten Kinder viel kleiner als in Wirklichkeit dar, um zu zeigen, dass diese noch nicht ausgewachsen und daher vielleicht nicht so wichtig waren wie Erwachsene.

Dieses kleine, runde Stück Glas mit bunter Verzierung wurde auf eine Spindel gesteckt.

Diese Statuette eines jungen Mädchens aus dem frühen Neuen Reich besticht durch ihre elegante Schlichtheit.

Mutterschaft
Mütter wurden in der ägyptischen Familie sehr geachtet. Ihre wichtigste Aufgabe war es, sich um die Kinder zu kümmern und sie zu erziehen. Mädchen blieben zu Hause und halfen ihrer Mutter, bis sie alt genug waren um zu heiraten. So lernten sie die für ihre spätere Mutterrolle notwendigen Dinge. Jungen verbrachten weniger Zeit mit ihrer Mutter. Gewöhnlich begannen ihre Väter sie im Alter von ungefähr vier Jahren auf ihren eigenen Beruf vorzubereiten.

Diese Frau wird beim Gebären von zwei Vertreterinnen der Göttin Hathor geschützt und unterstützt. Zaubersprüche und Glücksbringer wie dieses Holzamulett (links) sollten unter anderem für eine sichere und einfache Geburt sorgen.

Diese Gäste bei einem Bankett mit blauen Lotosblumen sind auf einer Wandmalerei aus der Zeit um 1400 v. Chr. abgebildet. Die Kegel mit Weihrauch auf ihren schweren, geflochtenen Perücken verströmten in der Wärme des Bankettsaals einen angenehmen Geruch.

Frauen

Das Leben der meisten äyptischen Frauen bestand darin, sich um Kinder und Haushalt zu kümmern. Ältere Frauen halfen ihren Töchtern und deren Familien. In Ägypten hatten die Frauen jedoch mehr Rechte und Freiheiten als in vielen späteren Kulturen. Sie waren erbberechtigt, konnten Eigentum besitzen, Waren kaufen und verkaufen und ihr eigenes Testament verfassen. Wenn ein Mann sich scheider ließ, behielt die Frau alle Wertsachen, die sie in die Ehe mitgebracht hatte. Er musste ihr außerdem einen Teil der Besitztümer geben, die während der Ehe angeschafft worden waren sowie spezielle Zahlungen an sie leisten. Frauen konnten sich, besonders wenn sie misshandelt wurden, ebenfalls scheiden lassen. Wie bei den Männern wurde ihr Alltagsleben von ihrer Klassenzugehörigkeit bestimmt. Den Königsfrauen und Damen der Oberschicht standen Diener zur Verfügung, die mehrheitlich weiblich waren. Die meisten Frauen hatten mit der Familie und der Kindererziehung sehr viel zu tun.

Hochzeit
Mädchen waren bei der Hochzeit oft erst 12 oder 13 Jahre alt, ihre Ehemänner ungefähr 15. Frauen spielten eine wichtige Rolle bei den Hochzeitsvorbereitungen. Für gewöhnlich bat ein junger Mann eine weibliche Vermittlerin um ein Gespräch, das eher mit der Mutter als mit dem Vater geführt wurde. Danach wurde ein Heiratsvertrag aufgesetzt, es gab jedoch keine Trauungszeremonie. Ein frisch vermähltes Paar brachte seine ganzen Besitztümer, die nun beiden gemeinsam gehörten, in das neue Heim. Die in der Statue (links) gleich groß abgebildeten Ehepartner deuten an, dass beide den gleichen Status und das gleiche Ansehen hatten.

Die Frau des Hauses
In großen, wohlhabenden Haushalten gab es getrennte Wohnbereiche für Frauen und Männer. Die Frau des Hauses hatte vermutlich ihren eigenen Empfangsraum und wenig oder gar keine Hausarbeit zu verrichten, da für die alltäglichen Aufgaben viele Diener zur Verfügung standen. Diese halfen der Hausherrin auch mit ihren Kleidern, beim Schminken sowie mit ihrer Frisur. Weniger wohlhabende Frauen verbrachten viel Zeit damit, für ihre Familien zu kochen.

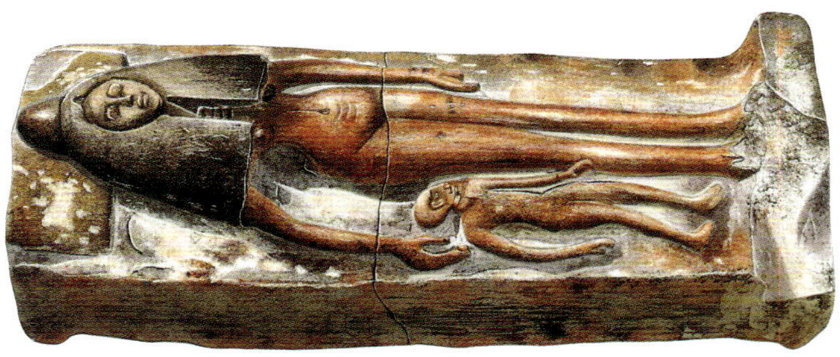

Oben: Solche Fruchtbarkeitsfigurinen wurden sowohl zu Hause als auch in Tempeln verwendet. In den meisten Häusern gab es einen kleinen Schrein zur Verehrung der Hausgötter und -göttinnen. In Tempeln dienten diese Figurinen wahrscheinlich Frauen mit Kinderwunsch.

Dieses Relief aus der Zeit um 1400 v. Chr. zeigt eine stillende Mutter, die ihr Baby in einem großen Schultertuch eng bei sich hält. Die meisten Frauen stillten ihre Kinder ungefähr drei Jahre lang, aber hochrangige Frauen setzten für diese Aufgabe spezielle Ammen ein.

Priesterinnen

Seit dem Alten Reich nahmen einige Frauen der ägyptischen Oberschicht an Tempelritualen teil. Für manche Priestertitel, die mit gewissen Tempeln verbundene Beamte führten, gab es entsprechende weibliche Gegenstücke. Die meisten Priesterinnen wurden mit Göttin Hathor in Verbindung gebracht. Während der Götterverehrung und Zeremonien bestand ihre wichtigste Aufgabe im Spielen einer Rassel, die „Sistrum" genannt wurde. Einige Frauen waren Priesterinnen der Schöpfergöttin Neith. Nur selten beteiligten sich Priesterinnen am Kult eines männlichen Gottes.

Die Priesterin trägt ein Gewand aus Leopardenfell, das nur von religiösen Würdenträgern bestimmten Ranges getragen wurde.

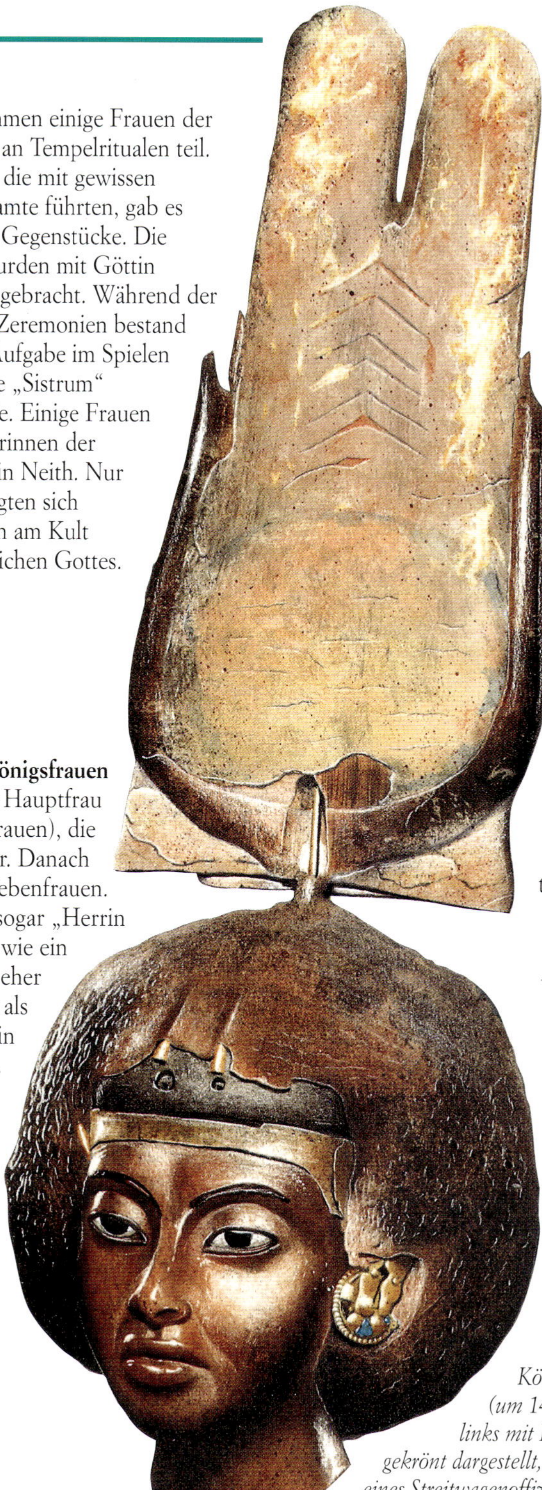

Arbeit

Die Arbeit der Frauen hing von ihrem Wohlstand und ihrem sozialen Status ab. In größeren, wohlhabenderen Haushalten gab es für die alltäglichen Arbeiten Diener, die meistens Frauen waren. In kleineren Häusern musste die Frau und Mutter diese Routinearbeiten selbst erledigen. Die Zubereitung der Speisen, das Spinnen, Weben und die Kleiderherstellung waren sehr zeitaufwendig. Die Frauen kochten in Tonöfen im Hof, einige von ihnen brachten ihren Männern das Mittagessen auf die Felder.

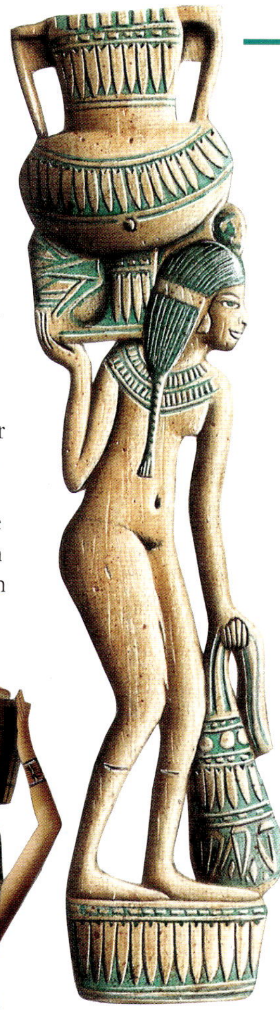

Oben: Diese Dienerin ist nur mit einer kunstvoll gearbeiteten Halskette und einer langen, geflochtenen Perücke bekleidet. In der Kunst wurden junge Frauen oft so dargestellt, aber im wirklichen Leben trugen sie wahrscheinlich Kleider.

Königsfrauen

Die wichtigste Frau im alten Ägypten war die Hauptfrau des Pharaos (die meisten Könige hatten viele Frauen), die als „große königliche Gemahlin" bekannt war. Danach kamen die Königsmutter und schließlich seine Nebenfrauen. Einige Königinnen wie Hatschepsut wurden sogar „Herrin beider Länder" und regierten tatsächlich wie ein Pharao. Sie wurden eher als König, nicht als Königin betrachtet.

Bekleidung

Wegen des heißen Klimas in Ägypten trugen Frauen einfache und lockere Leinenkleider. Abbildungen aus dem Alten Reich zeigen Frauen auch in engeren Kleidern. Im Mittleren Reich färbten die Ägypter ihre Kleidung mit bunten Mustern, wie das Kleid der Opferträgerin rechts.

Königin Teje (um 1410–1340 v. Chr.), links mit Kopfschmuck gekrönt dargestellt, war die Tochter eines Streitwagenoffiziers und Gemahlin des Königs Amenophis III. Nach dem Tod ihres Gatten wurde ihr Sohn Echnaton Pharao. Sie selbst war als Königsmutter sehr einflussreich.

Frauen aus ärmeren Familien halfen auch bei der Landarbeit. Diese Frau sät in einem frisch gepflügten Feld Samen aus.

Göttinnen

Es gab sowohl Götterfrauen oder -mütter als auch eigenständige Göttinnen, die für den Glauben und das Alltagsleben der Ägypter von großer Bedeutung waren. Isis (oben links) war die Gemahlin des Osiris und die Mutter des Horus. Sie wurde als symbolische Mutter des Pharaos selbst angesehen und trug auf ihrem Kopf das hieroglyphische Zeichen für Thron. Ihre Schwester Nephthys (oben rechts) beschützte die Toten und trug das hieroglyphische Zeichen für „Herrin des Hauses", von dem auch ihr Name abstammt. Die beiden Göttinnen wurden oft am Kopf- und Fußende von Särgen dargestellt.

Tänzerinnen führten akrobatische Brücken und Handstände vor und schlugen Räder.

Unten: Frauen spielten, besonders bei Zeremonien und Banketten, viele verschiedene Musikinstrumente.

Das Tal der Könige

Beinahe alle Pharaonen des Neuen Reiches seit Thutmosis I., der 1492 v. Chr. starb, ließen sich in Felsgräbern in einem Tal am Westufer des Nils begraben. Wir nennen diesen aus 62 Gräbern bestehenden Friedhof in der Nähe des antiken Theben das „Tal der Könige“. Die Gräber bestehen aus Kammern und Korridoren, die nach unten in den Fels führen. Die Eingänge waren klein, um sie vor Grabräubern zu verbergen. Trotzdem wurden vermutlich schon vor 1000 v. Chr. alle Gräber ihrer Schätze beraubt. Eine Ausnahme bildet das heute berühmte Grab Tutanchamuns. Doch auch dieses wurde in der Antike geplündert und dann wieder versiegelt. Der letzte im Tal begrabene Pharao war Ramses XI., der 1070 v. Chr. starb. Ungefähr 40 Mumien von Pharaonen aus dem Neuen Reich, darunter die von Sethos I. und Ramses II., brachte man gegen 1000 v. Chr. in die Nähe von Deir el-Bahari. Andere wurden 1898 im Grab von Amenophis II. im Tal der Könige selbst gefunden.

Diese reich verzierte Vase mit einem Löwen darauf wurde im berühmtesten Grab gefunden, dem des Tutanchamun. Es war eigentlich ein kleines und unbedeutendes Grab und lag ungefähr 70 Meter entfernt vom prächtigen Grab Sethos' I.

Amenophis I., zweiter Pharao der 18. Dynastie, führte den Brauch ein, Grab und Tempel zu trennen. Er gründete das Dorf der Grabarbeiter in Deir el-Medineh. Seine eigene ursprüngliche Grabstätte wurde nie identifiziert. Seine Leiche wurde nach 500 Jahren an einen anderen Ort gebracht und seine Mumie in neuerer Zeit entdeckt. Sie ist die einzige Königsmumie, die nicht enthüllt wurde.

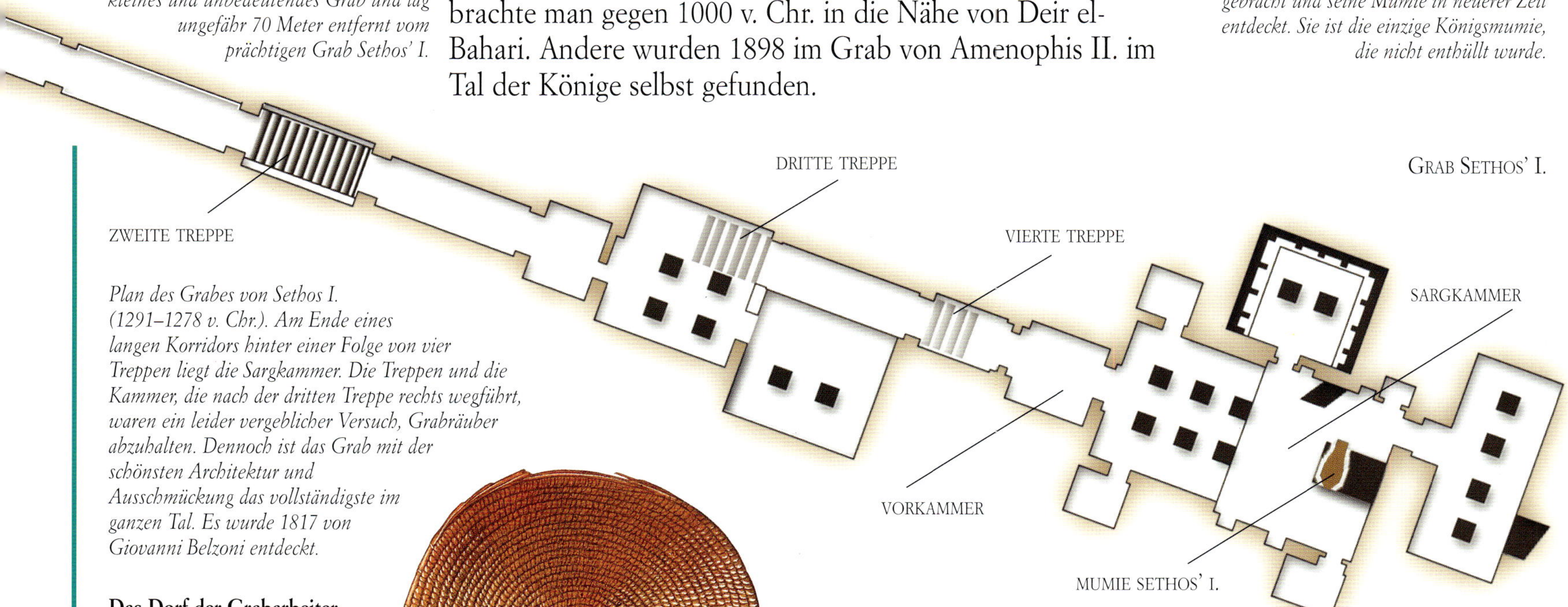

Plan des Grabes von Sethos I. (1291–1278 v. Chr.). Am Ende eines langen Korridors hinter einer Folge von vier Treppen liegt die Sargkammer. Die Treppen und die Kammer, die nach der dritten Treppe rechts wegführt, waren ein leider vergeblicher Versuch, Grabräuber abzuhalten. Dennoch ist das Grab mit der schönsten Architektur und Ausschmückung das vollständigste im ganzen Tal. Es wurde 1817 von Giovanni Belzoni entdeckt.

Das Dorf der Grabarbeiter

1905 begann der italienische Archäologe Ernesto Schiaparelli (1856–1928) mit der Ausgrabung einer Siedlung direkt südöstlich vom Tal der Könige. Bald war klar, dass es sich um das Dorf handelte, in dem die Arbeiter der Königsgräber mit ihren Frauen und Kindern gelebt hatten. Inschriften und andere Zeugnisse bewiesen, dass dort hundert oder mehr Menschen gelebt und viele der Männer und Frauen offensichtlich lesen und schreiben gekonnt hatten. Durch die Ausgrabungen ihrer Häuser wissen wir viel über das Leben der einfachen Leute in Ägypten.

Dieser Korbdeckel, der Hocker, die Bürste und die Vase wurden in Deir el-Medineh gefunden. Die aus Mykene stammende Vase zeigt, dass Grabarbeiter sich importierte Waren leisten konnten.

Diese Schachtel eines „senet“-Brettspiels wurde in Deir el-Medineh gefunden. Sie hat eine Schublade für die Spielsteine. Man spielte zu zweit und warf Stäbchen oder Knöchelchen, um die Spielfiguren um das Brett zu bewegen.

Streik der Arbeiter

Ramses III. ließ gewaltige Bauarbeiten an seinem Totentempel und Grab ausführen. Diese Arbeiten überforderten die Staatsmittel, und die Verwalter nutzten die Gelegenheit zur Kürzung der Getreiderationen, mit denen man die Arbeiter bezahlte. Als diese schließlich die Arbeit verweigerten und zu einem der Königstempel zogen, um sich zu beschweren, führte das zum ersten bekannten Arbeiterprotest der Welt. Die Priester schrieben die Beschwerden auf und schickten sie nach Theben. Dort beschlossen die Verwalter, den Arbeitern zusätzliche Rationen zu geben, bevor sich die Situation verschlimmerte.

Rekonstruktion eines Arbeiterhauses in Deir el-Medineh. Links neben dem einfach eingerichteten Wohnraum liegt der Schlafbereich. Es gibt einen Keller und ganz rechts einen unterirdischen Lagerraum für Getreide.

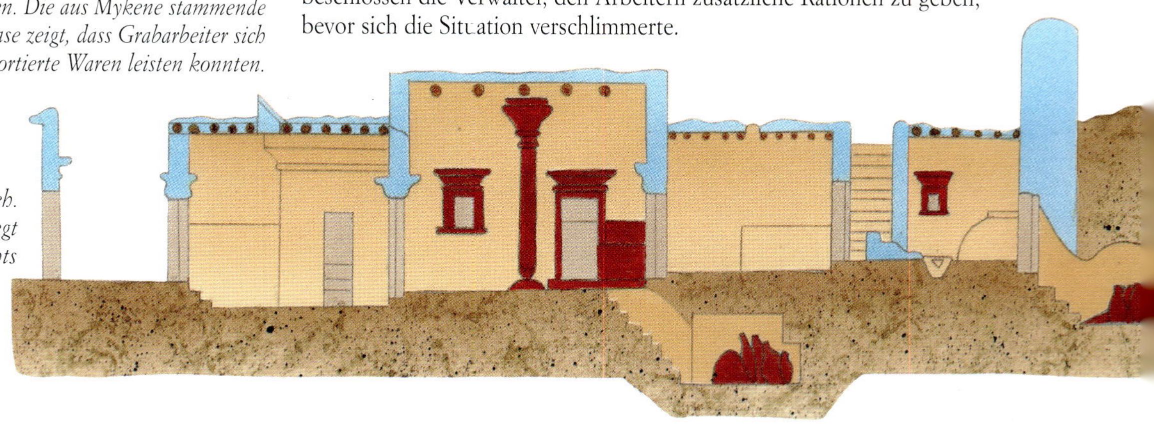

Bauweise der Gräber

Keine zwei Gräber im Tal der Könige sind genau gleich. Jedes wurde auf einzigartige Weise geplant, entworfen und ausgeschmückt, doch es gab bestimmte, ähnliche Merkmale. Die Grundform der Gräber änderte sich mit der Zeit. Frühere Gräber der 18. Dynastie waren so gebogen, dass die Korridore rechtwinklig in eine Säulenhalle einmündeten. Später hatten Gräber hier nur einen kleinen Knick und in der 20. Dynastie waren sie fast gerade. Der Sarkophag stand immer in einer Sargkammer, dem „Goldenen Haus", am hintersten Ende des Grabes.

Dieses Bild aus dem Grab Ramses' I. (1293–1291 v. Chr) zeigt den König der 19. Dynastie zwischen dem falkenköpfigen Himmelsgott Horus und dem schakalköpfigen Totengott Anubis. Das Grab Ramses' I. liegt mitten im Tal der Könige neben dem von seinem Sohn Sethos I.

Ausschmückung der Gräber

Während an einem Grab gebaut wurde, muss es voller Menschen gewesen sein. Gleichzeitig wurde an verschiedenen Stellen gegraben, vergipst, gemeißelt, gezeichnet und gemalt. Nachdem die Oberflächen vorbereitet und vergipst waren, wurden Zeichnungen und Texte in roter Tinte an die Wände skizziert. Geschickte Steinmetze arbeiteten dann Teile der Skizze zu Reliefs aus, bevor Maler leuchtende Farben auftrugen und die Umrisse nachzogen. Die Künstler arbeiteten im Schein von in Fett oder Öl getränkten Leinendochten in Tontöpfen. Trotzdem war es tief drinnen im Grab wahrscheinlich immer noch sehr dunkel.

Im Tal der Könige befinden sich auch Gräber von Adligen, Höflingen und den Familien der Pharaonen. Diese hölzerne Kassette mit Einlegearbeiten fand man im Grab von Juja und Tuja, den Eltern der Königin Teje, der Gemahlin Amenophis' III. (1390–1352 v. Chr.).

Wandmalerei aus dem Grab von Amenhirchopschef, dem Sohn Ramses' III. im Tal der Königinnen. Der König in Zeremonienkleidung wird von der Göttin Isis geführt.

Das Tal der Königinnen

Die Frauen vieler Herrscher wurden bei ihren Männern im Tal der Könige beigesetzt. Andere aber begrub man bei ihren Söhnen in nahe liegenden Felsgräbern auf einem besonderen Friedhof, den wir das „Tal der Königinnen" nennen. Das früheste Grab ist das der Satra, der Gemahlin Ramses' I., aber das größte und am schönsten verzierte das der Nefertari, der Hauptfrau Ramses' II. Mitte des 20. Jhs. begannen die prächtigen Wandmalereien schwere Schäden aufzuweisen und sie wurden inzwischen restauriert.

Diese Szene mit dem Sonnengott als widderköpfigem Falken stammt aus der Sargkammer von Tausret, der Gemahlin Sethos' II. Ihr Grab wurde von Sethnacht (1185–1182 v. Chr.), dem ersten König der 20. Dynastie, vollendet. Das Doppelgrab im Tal der Könige wurde geplündert und stand seit der Antike offen.

Der Tod und das Jenseits

Die Art der Ägypter, mit dem Tod umzugehen, wurde vom festen Glauben an ein Leben im Jenseits bestimmt. Sie gaben sich daher ziemlich viel Mühe mit der Vorbereitung auf das Leben nach dem Tod, wozu auch die sorgfältige Behandlung des toten Körpers gehörte. Die alten Ägypter sahen, dass sich die Körper in der trockenen Wüste nicht zersetzten und entwickelten eine Methode, mit der die Verwesung der Leichen verhindert wurde: die Mumifizierung. Viele Mumien blieben über tausende von Jahren erhalten und gaben Archäologen Aufschluss über das alte Ägypten. Die Ägypter entwickelten außerdem viele Bräuche und Rituale damit der „Ka" und der „Ba", die Lebenskraft und der Geist des Toten, nach dem körperlichen Tod weiterleben konnten. Sogar dem Schatten und dem Namen einer Person wurde ewige Existenz zugeschrieben. Viele Götter und Göttinnen, besonders der Totengott Anubis, gehörten zu diesen Ritualen. Die konservierte Mumie war für „Ba" ein Zuhause im Jenseits, verschiedene Grabopfer wie Speisen und Kleider dienten dazu, diese Seele zu versorgen.

Grabmasken für Mumien, wie diese aus der Zeit um 1990 v. Chr., bestanden aus in Gips getränkten Leinentüchern. Nachdem die Maske trocken war, wurde sie mit einem Bildnis der toten Person bemalt. Dieser Mann trägt eine lange Perücke und einen künstlichen Bart. Die Maske bedeckte auch den oberen Teil des Körpers.

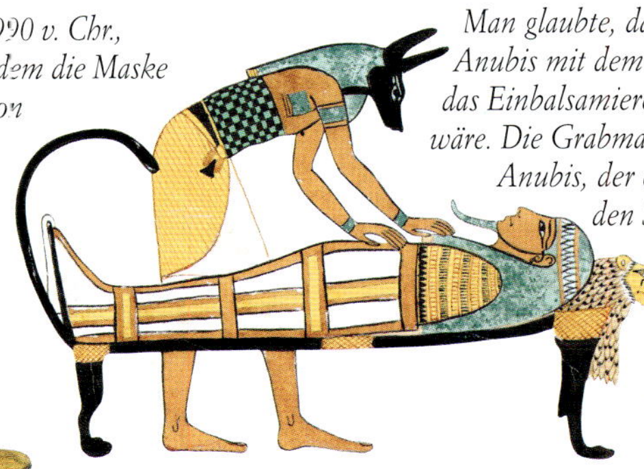

Man glaubte, dass der Totengott Anubis mit dem Schakalkopf für das Einbalsamieren verantwortlich wäre. Die Grabmalerei zeigt Anubis, der eine Leiche für den Sarg vorbereitet. Während der Mumifizierung trug der Hohepriester die Maske des Anubis.

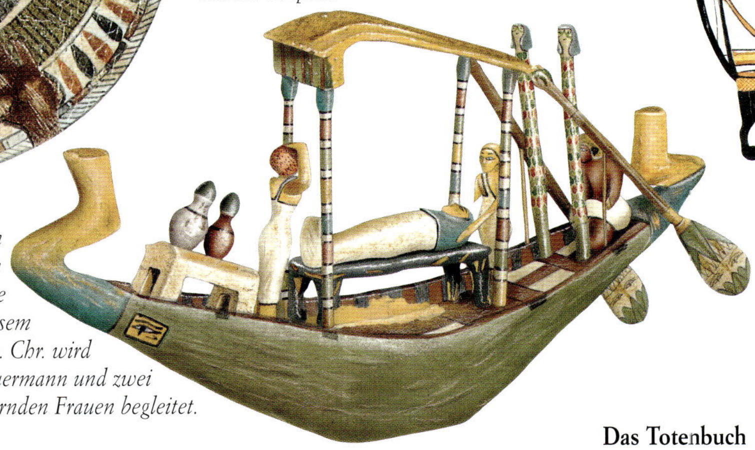

Kleine Boote wurden oft in Gräber gelegt, sie sollten dem Toten auf seiner Reise durch die Unterwelt helfen . Bei diesem Modell aus der Zeit um 1900 v. Chr. wird die Mumie von einem Steuermann und zwei trauernden Frauen begleitet.

Ägypter glaubten, dass ihr Herz nach dem Tod gegen eine Feder von Maat, der Wahrheitsgöttin mit dem Ibiskopf, aufgewogen wurde. Anubis half, die Waage zu Gunsten des toten Herzens auszubalancieren, damit der Verstorbene sicher in das Jenseits gelangen konnte.

Das Totenbuch

Mit Zauberformeln versuchte man, den Gefahren der Unterwelt entgegenzuwirken und den Toten auf seiner Reise ins Jenseits zu beschützen. Die Formeln wurden in Gräber, auf Pyramiden und später auf Särge geschrieben. Anfangs verwendeten nur Pharaonen diese Texte. Nach der Zeit um 1650 v. Chr. wurden sie auf Papyrusrollen – das so genannte Totenbuch – geschrieben, das sich mehr und mehr verbreitete. Die Rollen wurden in den Sarg oder in einer Statue des Osiris mit ins Grab gegeben, manchmal sogar zwischen die Leinenbandagen der Mumie.

Während der Trauerzeremonie berührte der Priester den Mund der Mumie mit einem speziellen Werkzeug. Dieses sollte dem Körper wieder Leben zurückgeben, damit der Tote essen und sprechen konnte. Hier hält Anubis während der Zeremonie die Mumie.

Der „Ba", mit Vogelkörper und Menschenkopf, war die Seele, die den Körper bei seinem Tod verließ. Sie kam in der Nacht zum Grab zurück, um dem Körper beim Überleben im Jenseits zu helfen.

Das Leben nach dem Tod

Die Ägypter glaubten an ein Leben nach dem Tod, das ihnen die besten Dinge ihres irdischen Lebens bieten würde. Aber um das Leben im Jenseits genießen zu können, mussten alle Teile eines Menschen weiter fortbestehen. Der Körper musste unversehrt bleiben, der Name weiter existieren, und „Ka" und „Ba" mussten mit Speisen und Getränken versorgt werden. Reiche Ägypter trafen schon lange vor ihrem Tod umfangreiche Vorkehrungen für ihre Mumifizierung und ihr Grab, um sicherzugehen, dass sie ihr Leben nach dem Tod voll und ganz genießen konnten.

Grabbeigaben

Viele Dinge, auch Kleider, Kosmetika und Schmuck, wurden in das Grab mitgegeben. Die Speisen wurden oft aus Ton modelliert oder aus Stein gemeißelt. Diese Opfergaben wurden regelmäßig erneuert, indem sie mit Wasser gereinigt wurden. Modelle von Häusern und Booten sowie Dienerfiguren kamen mit in das Grab. Landwirtschaft spielte im irdischen Leben entlang des Nils eine so wichtige Rolle, dass die Ägypter an die Verrichtung von Landarbeit im Jenseits glaubten. Reiche Menschen ließen sich daher Uschebtis in ihre Gräber stellen. Diese kleinen Figuren sollten anstelle des Toten die Arbeit übernehmen. Einige Menschen hatten hunderte von Uschebtis in ihrem Grab, sie wurden sogar in Pharaonengräbern gefunden.

Diese Dienerfiguren wurden in das Grab gelegt, um dem Verstorbenen im Jenseits zu helfen. Speisen (rechts) waren notwendig, um die Seele zu versorgen.

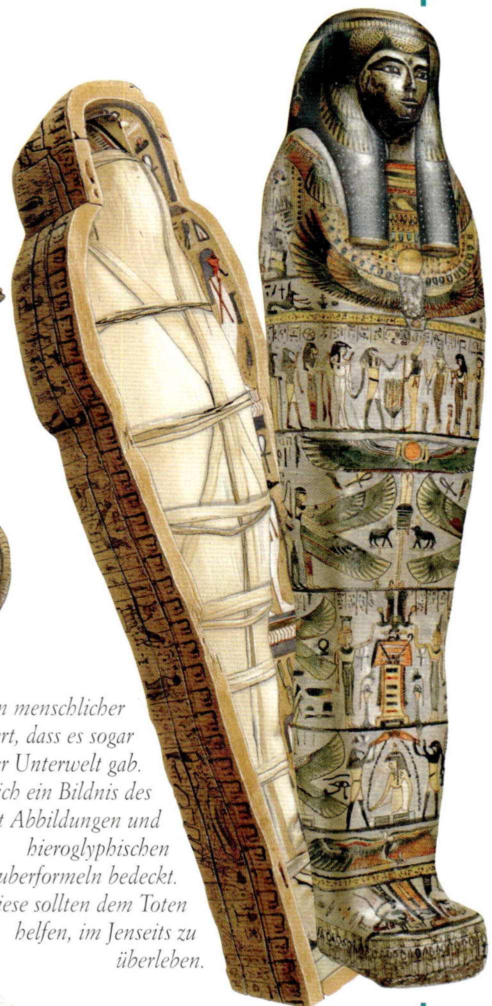

Nach 2000 v. Chr. wurden Holzsärge in menschlicher Form hergestellt. Sie waren so üppig dekoriert, dass es sogar auf der Innenseite Bilder von Göttern der Unterwelt gab. Am Kopfende des Sarges befand sich ein Bildnis des Verstorbenen, der Rest war mit Abbildungen und hieroglyphischen Zauberformeln bedeckt. Diese sollten dem Toten helfen, im Jenseits zu überleben.

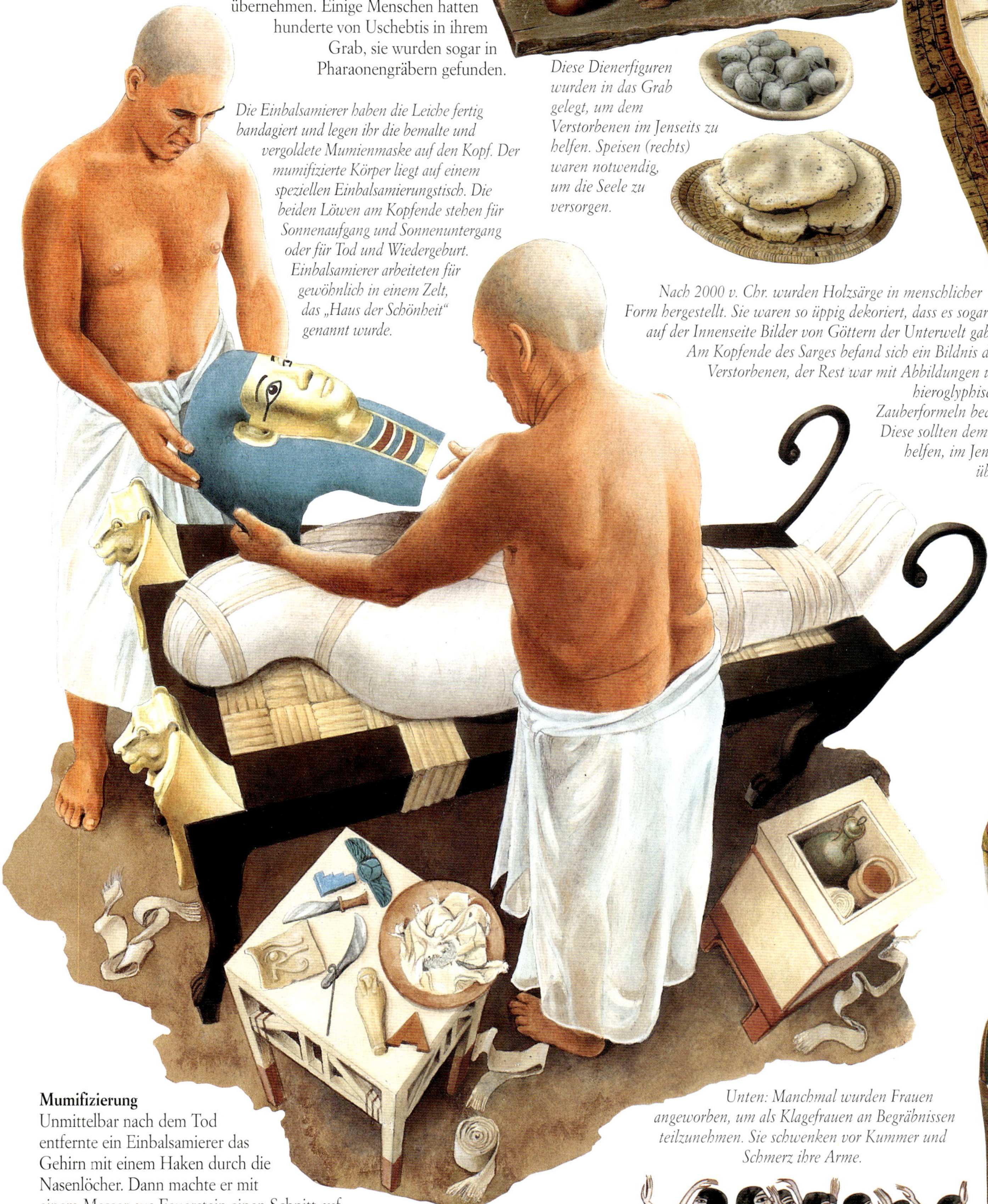

Die Einbalsamierer haben die Leiche fertig bandagiert und legen ihr die bemalte und vergoldete Mumienmaske auf den Kopf. Der mumifizierte Körper liegt auf einem speziellen Einbalsamierungstisch. Die beiden Löwen am Kopfende stehen für Sonnenaufgang und Sonnenuntergang oder für Tod und Wiedergeburt. Einbalsamierer arbeiteten für gewöhnlich in einem Zelt, das „Haus der Schönheit" genannt wurde.

Das Gehirn und andere innere Organe wurden getrennt vom Körper aufbewahrt. Die konservierten Eingeweide (Leber, Lunge, Magen und Darm) wurden in so genannten Kanopenkrügen (unten) aufbewahrt. Auf den Deckeln sind die vier Söhne des Horus dargestellt. Die Krüge wurden entlang des Sarges im Grab aufgestellt.

Mumifizierung

Unmittelbar nach dem Tod entfernte ein Einbalsamierer das Gehirn mit einem Haken durch die Nasenlöcher. Dann machte er mit einem Messer aus Feuerstein einen Schnitt auf der linken Körperseite und entnahm die inneren Organe mit Ausnahme des Herzens. Der Körper wurde mit Natron (Salzkristalle aus ausgetrockneten Seen) bedeckt und 40 Tage lang getrocknet. Nachdem er für die Konservierung mit Leinen und Duftstoffen verpackt und in eine natürliche Form gebracht worden war, umhüllte man ihn mit Leinenbandagen. Zwischen die Schichten legte man Amulette und manchmal überzog man die letzte Schicht mit einem Perlennetz. Die Grabmaske wurde über den Kopf gelegt und die Leiche war fertig, um in den Sarg gelegt zu werden. Das Begräbnis fand ungefähr 70 Tage nach dem Tod statt.

Unten: Manchmal wurden Frauen angeworben, um als Klagefrauen an Begräbnissen teilzunehmen. Sie schwenken vor Kummer und Schmerz ihre Arme.

Die Dritte Zwischenzeit

Nach dem Ende des Neuen Reiches änderten sich über 500 Jahre lang die Machtverhältnisse in Ägypten ständig. Wir nennen diese Zeit zwischen 1069 und 525 v. Chr. Dritte Zwischenzeit. Anfangs teilten sich die ägyptischen Könige der 21. Dynastie, die von der Deltastadt Tanis aus regierten, die Macht mit den Hohepriestern des Amun in Theben. Danach übernahm eine libysche Dynastie in Tanis die Herrschaft. Die Libyer bauten ihre Machtstellung aus, indem sie einen Libyer zum Hohepriester von Theben ernannten. Auf sie folgten die Kuschiten aus Nubien, die Amun verehrten und deren Geschichte schon jahrhundertelang mit jener der Ägypter verflochten war. Sie mussten sich zurückziehen, als vom Norden her die Assyrer einfielen, die einer neuen Dynastie von ägyptischen Königen in der Deltastadt Sais zur Macht verhalfen.

Karte des Königreiches von Sais im Jahr 656 v. Chr.

Die 26. oder Saitische Dynastie (664–525 v. Chr.) regierte von Sais, einer Stadt im Nildelta, aus. Der erste saitische König Psammetich I. (664–610 v. Chr.) befreite sich von der assyrischen und kuschitischen Abhängigkeit und wurde im ganzen Land als König anerkannt.

Bronzestatue Karomamas II., der Gemahlin Takelots II. (850–825 v. Chr.) aus der 22. oder Libyschen Dynastie. Sie war die Tochter von Takelots Halbbruder Nimlot, dem Hohepriester in Theben. Die Hochzeit festigte die Bande zwischen Theben und Tanis, dem Herrschaftssitz Takelots. Karomama hatte das wichtige religiöse Amt der Gottesverehrerin des Amun inne.

Das Steinporträt zeigt Taharka (690–664 v. Chr.), den bedeutendsten Herrscher der 25., Kuschiten-Dynastie. Er schlug die einfallenden Assyrer im Jahr 674 v. Chr. nieder, doch drei Jahre später kehrten sie zurück und vertrieben ihn aus Memphis.

Die Könige von Sais

Psammetich I. war der erste Herrscher der 26., der Saitischen Dynastie. 656 v. Chr. gelang ihm die Wiedervereinigung Ägyptens, auch weil seine Tochter als Gottesverehrerin aufgenommen wurde (siehe oben). Die Könige von Sais, einer Stadt im westlichen Deltagebiet, sicherten mit Hilfe von Söldnern aus Lydien und Karien ihre Grenzen. Sie bauten auch gute Verbindungen zu den mächtigen griechischen Stadtstaaten auf. Psammetich II. unternahm 591 v. Chr. einen Feldzug nach Nubien und setzte dem Einfluss der Kuschiten auf die zentrale Herrschaft Ägyptens ein Ende. Die Saiter bemühten sich, das empfindliche Machtgefüge zu erhalten, aber eine andere, noch stärkere Streitmacht fiel in Ägypten ein – die Perser.

Granitstatue des Mentuemhet (um 700–650 v. Chr.). Er war einer der mächtigsten Männer in Theben, der die Ämter „Stadtfürst" und „Vierter Prophet des Amun" innehatte. Er erlebte viele Veränderungen und behielt seine Position trotz der Plünderung Thebens durch die Assyrer. Seine Karriere erstreckte sich in der 25. und 26. Dynastie.

Der assyrische Herrscher Assurbanipal (668–627 v. Chr.) nahm 664 v. Chr. Memphis ein und plünderte dann Theben und die dortigen Tempel. Während Assurbanipal in Ägypten tätig war, herrschte sein Bruder über Babylonien. Ihre Rivalität führte schließlich zum Krieg zwischen Assyrien und Babylonien.

Oben: Ausschnitt des Sarges der Nesmut, der Musikerin des Amun, aus der frühen 22. oder Libyschen Dynastie. Links trägt die Kobragöttin Uto die rote Krone Unterägyptens, rechts die Geiergöttin Nechbet die weiße Oberägyptens.

Einfall der Assyrer

671 v. Chr. stießen die Assyrer vom nordöstlich gelegenen Mesopotamien nach Ägypten vor. Unter ihrem König Asarhaddon eroberten sie Memphis und nahmen die königliche Familie mit Ausnahme König Taharkas, der in den Süden nach Theben flüchtete, gefangen. Nachdem sich die Assyrer zurückgezogen hatten, kam Taharka wieder an die Macht. 668 v. Chr. fielen die Assyrer erneut unter ihrem neuen König Assurbanipal ein und diesmal zog sich Taharka nach Napata, der Hauptstadt des Reiches Kusch zurück. Theben wurde 664 v. Chr. geplündert und als der neue König der Kuschiten Tanutamun erneut nach Nubien abzog, machten die Assyrer Psammetich zum Befehlshaber von Unterägypten und zu einem unabhängigen Herrscher.

Der Hohepriester des Amun Pinodjem I. (1070–1032 v. Chr.) verwendete in der 21. Dynastie diesen bemalten Katafalk aus Leder, um Wertgegenstände vor Grabräubern zu verbergen.

Alabasterstatue der Amenirdis I., der Schwester von König Schabaka (716–702 v. Chr.) aus der 25. Dynastie und Tochter des Kuschitenherrschers Kaschta. Amenirdis wurde offiziell als „Gottesgemahlin des Amun" aufgenommen, was den Kuschiten die Kontrolle über Theben erleichterte.

Die Herrschaft der Kuschiten

Die Ägypter hatten jahrhundertelang mit dem südlich gelegenen Gebiet von Nubien, und dem so genannten Königreich von Kusch, zu tun. Seit der 18. Dynastie wurde der Pharao dort durch seinen Vizekönig für Kusch vertreten. Die lokalen Herrscher der Kuschiten in Napata nutzten die während der 24. Dynastie bestehenden Teilungen innerhalb Ägyptens, um Kontrolle über Unternubien und danach die Anerkennung der Herrscherfamilien in Theben zu gewinnen. Die 25. oder Kuschiten–Dynastie dauerte jedoch weniger als 100 Jahre.

Statue des letzten Herrschers der 26. oder Saitischen Dynastie Psammetich III. (526–525 v. Chr.). Er ist mit Göttin Hathor dargestellt, die als göttliche Mutter des herrschenden Königs angesehen wurde. Der persische König Kambyses, der 525 v. Chr. in Ägypten einfiel, ließ Psammetich hinrichten.

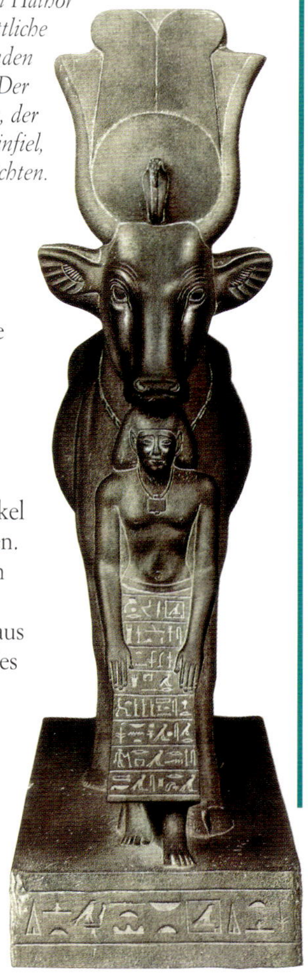

Die libyschen Fürsten

In der 21. Dynastie heirateten immer mehr Mitglieder des Königshauses in Tanis libysche Adelige, die seit langer Zeit in Ägypten lebten. 945 v. Chr. begann mit Scheschonk I. die 22. Dynastie, und libysche Anführer beherrschten in den folgenden 200 Jahren Ägypten. Scheschonk regierte von Tanis aus, aber er machte einen seiner Söhne zum Hohepriester in Theben, wo die Priester dabei waren, ihre Macht zu verlieren. Ein weiterer Sohn wurde Fürst von Herakleopolis. Während der so genannten Libyschen Dynastie wurde in Ägypten auf diese Art wieder eine gewisse Einheit hergestellt.

Hohepriester in Theben

In Theben stellten Hohepriester eine besonders mächtige herrschende Klasse dar. Ihnen gehörte das meiste Tempelland in Ägypten und nahezu alle Schiffe. Als militärische Anführer verteidigten die thebanischen Hohepriester des Amun ihre Interessen durch den Bau einer Reihe von Festungen nördlich von Theben. Sie erfuhren angeblich göttliche Entscheidungen durch Orakel und verwendeten diese, um ihre Taten offiziell zu machen. Die Priester übten nicht nur große Macht im Gebiet von Theben aus, sondern standen auch in Kontakt mit den Pharaonen der Deltaregion in Tanis und Prinzessinnen aus dem Norden hatten oft das Amt der „Gottesgemahlin des Amun" inne.

Diese goldene Grabmaske bedeckte das Gesicht von Scheschonk II. Er regierte gemeinsam mit seinem Vater Osorkon I. (924–889 v. Chr.) aus der 22. Dynastie, starb aber, bevor er selbst König werden konnte.

Diese Schale in Gold und Silber mit einer Glasrosette in der Mitte gehörte zum Grabschatz von Wendjebauendjed, einem General und hochrangigen Priester der 21. Dynastie. Der General wurde von König Psusennes I. so geschätzt, dass er in der königlichen Grabstätte in Tanis beigesetzt wurde.

Tanis

Zu Beginn der Dritten Zwischenzeit gab es in Ägypten zwei selbständige Machtzentren – Theben und Tanis. Der erste König der 21. Dynastie Smendes I. (1069–1043 v. Chr.) machte Tanis im Nildelta zur Hauptstadt. Viele Denkmäler aus dem Mittleren und Neuen Reich wurden aus anderen Stätten hergebracht, und Tanis entwickelte sich zu einer großen Stadt der Obelisken. Es gab noch immer einen starken Bezug zu Theben, so wurde ein Tempel in Tanis den drei thebanischen Gottheiten Amun, Mut und Chons gewidmet. Die Königsgräber in Tanis, darunter auch das vollkommen unversehrte Grab des Psusennes I. (1039–991 v. Chr.), wurden 1939 wieder entdeckt.

Unten: Der silberne, mit Gold überzogene Sarg von Psusennes I. wurde in einem der sechs Gräber in Tanis von Pierre Montet im Jahr 1939 gefunden. Silber war in Ägypten seltener als Gold und daher ist dieser Sarg besonders wertvoll.

Der Isis-Tempel und andere kleinere Bauwerke auf der südlich von Assuan gelegenen Nilinsel Agilkia. Die Tempelanlage aus der Zeit um 380 v. Chr. wurde von der nahe gelegenen Insel Philae abgetragen, da sie nach dem Bau des Hochdammes von Assuan in den Sechzigerjahren unter Wasser zu geraten drohte.

Darius I. (521–486 v. Chr.), der Kambyses II. im Jahr 522 v. Chr. als persischen König ablöste, musste mit Aufständen im gesamten Persischen Reich fertig werden. Er ließ viele Bauwerke in Ägypten errichten und beendigte einige Vorhaben, die die Könige von Sais begonnen hatten. Er stellte den Kanal vom Ostdelta des Nils bis zum Roten Meer fertig.

Die Spätzeit

539 v. Chr. eroberte Perserkönig Kyros der Große Babylonien und schuf das größte Reich, das die Welt je gesehen hatte. Nur 14 Jahre später dehnte Kyros' Sohn Kambyses II. durch die Eroberung Ägyptens das Reich sogar noch weiter aus. Damit begann die so genannte Spätzeit. Von 525 bis 332 v. Chr., dem Jahr, in dem die Perser endgültig vertrieben wurden, mussten die Ägypter zwei Dynastien von Perserherrschaften ertragen. Die Eindringlinge führten mit dem Aramäischen sogar eine neue Sprache und eine neue Schrift ein. Wenn die Ägypter nicht unter direkter Perserherrschaft standen, mussten drei kurze Dynastien ägyptischer Könige im Nildelta ständig auf der Hut vor einer neuen persischen Invasion sein. Trotzdem wurden während dieser turbulenten Zeit viele Bauwerke errichtet. Als die Makedonier die Perser vertrieben und ihre Stelle einnahmen, ging die Spätzeit zu Ende.

Die Verehrung des Stieres Apis, der Erscheinungsform des Gottes Ptah, war auch während der Spätzeit noch populär. Trotzdem vermerkte der griechische Geschichtsschreiber Herodot, dass der erste persische Herrscher den Apis-Stier tötete. Vermutlich wollte er mit dieser Geschichte die Perser in Verruf bringen.

Diese Steinstatue zeigt den Falkengott Horus. Er überragt und beschützt die kleine Figur des Nektanebos II. (380–362 v. Chr.), des dritten Königs der 30. Dynastie. In früheren Zeiten war das Größenverhältnis zwischen König und Gott genau umgekehrt.

Dieser Steinkopf des Nektanebos I. aus der Zeit um 370 v. Chr. zeigt die für diese Epoche typischen Merkmale der Bildhauerkunst. Dem aus einer Militärfamilie stammenden Nektanebos I. gelang es 373 v. Chr., die einfallenden Perser aus der Deltaregion zu vertreiben.

Statue des Schöpfergottes Ptah, der eine Kappe auf dem kahlen Haupt trägt. Ptah war der Schutzgott der Handwerker und trug den Titel „Oberster Anführer der Handwerker". Man glaubte, dass Ptah die Welt mit den Gedanken seines Herzens und den Worten seiner Zunge erschaffen hätte. Während der Spätzeit wurde er weithin verehrt.

Die erste Perserherrschaft

Die 27. Dynastie ägyptischer Herrscher bestand aus sechs Perserkönigen. Auf die persische Eroberung Ägyptens im Jahr 525 v. Chr. folgte die erste Perserherrschaft, die über 100 Jahre dauerte. Einige Perserkönige förderten sowohl religiöse als auch künstlerische Traditionen Ägyptens. Der berühmteste von ihnen, Darius I., baute einen Amun-Tempel in die Charga-Oase und half, die Stabilität und den Wohlstand in Ägypten zu erhalten. Nach seinem Tod gab es einige Aufstände, und 404 v. Chr. erklärte sich der Fürst von Sais Amyrteus zum König. Es gelang ihm, seine Herrschaft südlich bis nach Assuan auszudehnen.

Den zwergenförmigen Gott Bes verband man mit Feiern, Kindern und Geburt, und man sah ihn als Beschützer der Familien an. Man glaubte, dass er durch seine seltsame und hässliche Erscheinung böse Geister leichter vertreiben konnte und Schlangen vom Haus fern hielt.

Auf dieser Schüssel ist eine Inschrift in Aramäisch zu sehen. Unter Darius I. wurde Aramäisch zur offiziellen Sprache im ganzen persischen Reich. Von dem aus 22 Zeichen bestehenden Alphabet leiteten sich später sowohl Hebräisch als auch Arabisch ab.

Diese Bronzestatuette der Göttin Bastet zeigt sie mit Katzenkopf und weiblichem Körper. Sie trägt einen Korb und sieht sehr zahm aus. Ihr Name bedeutet „die des ‚bast' (Salbengefäßes)".

Späte Götter und Göttinnen

Die persischen Eindringlinge konnten die Ägypter größtenteils nicht daran hindern, ihre Traditionen weiterhin aufrechtzuerhalten. Der zwergenförmige Gott Bes spielte zumindest seit dem Mittleren Reich eine wichtige Rolle und wurde auch nach der Vertreibung der Perser noch verehrt. Die mit einer Katze in Verbindung gebrachte Göttin Bastet war seit über 2000 Jahren bekannt und während der Spätzeit wurde sie als Familiengöttin mit jungen Katzen zu ihren Füßen dargestellt. Heilige Tiere wie die Stiere Apis und Buchis wurden in dieser Zeit auch sehr verehrt.

Deltadynastien

Nach der kurzen Herrschaft von Amyrteus (404–399 v. Chr.) wurde die Hauptstadt innerhalb der Deltaregion von Sais nach Mendes verlegt. Der erste König der 29. Dynastie, Nefaarud I. (399–393 v. Chr.) behielt den Kult des heiligen Stieres Apis in Memphis bei. Sein Nachfolger Hakor (393–380 v. Chr.) musste mithilfe griechischer Söldner in der ägyptischen Kriegsmarine viele persische Angriffe abwehren. Der nächste König Nektanebos I. verlegte die Hauptstadt nach Sebennytos, einer anderen Stadt im Nildelta. Die von ihm gegründete Dynastie währte 37 Jahre, dann eroberten die Perser ein weiteres Mal Ägypten.

Während der zweiten Hälfte des 5. Jhs. v. Chr. erreichten griechische Reisende Ägypten. Unter ihnen befand sich der Historiker Herodot (siehe Seite 58), dessen Schriften eine wichtige Quelle des ägyptischen Lebens der damaligen Zeit darstellten.

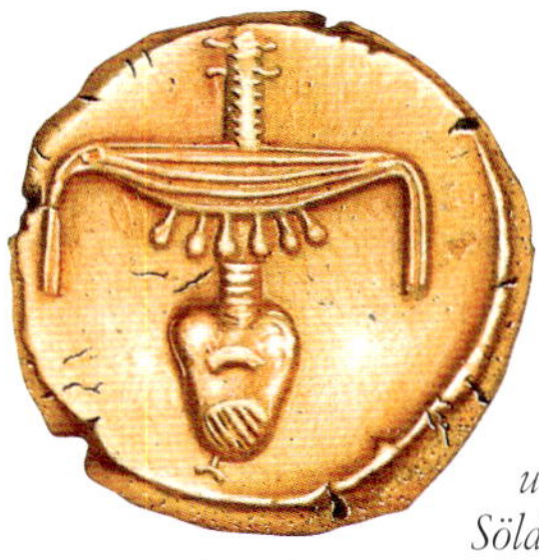

Unter der Herrschaft von Djedhor (362–360 v. Chr.) wurden in Memphis spezielle Goldmünzen geprägt, um die griechischen Söldner aus Athen und Sparta, welche die ägyptische Armee gegen die Perser unterstützten, zu bezahlen. Die Münzen waren Vorbildern aus dem griechischen Staat nachgeahmt, da ägyptische Münzen erst später eingeführt wurden.

Unten: König Darius I. auf einer alten Münze als König-Soldat mit Bogen und Pfeilen.

Die zweite Perserherrschaft

Nach der Wiedereroberung im Jahr 343 v. Chr. herrschten drei Perserkönige ein Jahrzehnt lang über Ägypten. Späteren ägyptischen Berichten zufolge erwies sich die zweite Perserherrschaft als sehr streng für die Ägypter. Städte wurden vernachlässigt, Tempel ausgeraubt, heilige Tiere wie der Stier Apis geschlachtet und die Steuern für die Menschen waren enorm. Es war eine unglückliche Zeit für Ägypten und erklärt vielleicht, warum Alexander der Große so leicht einmarschieren und der Perserherrschaft 332 v. Chr. ein Ende setzen konnte.

Dieser Ausschnitt aus einem Fries zeigt einen der hoch ausgebildeten persischen Soldaten, die als „unsterblich" galten. Es gab 10.000 dieser Elitekrieger, und sobald ein Mann starb, wurde er sofort ersetzt.

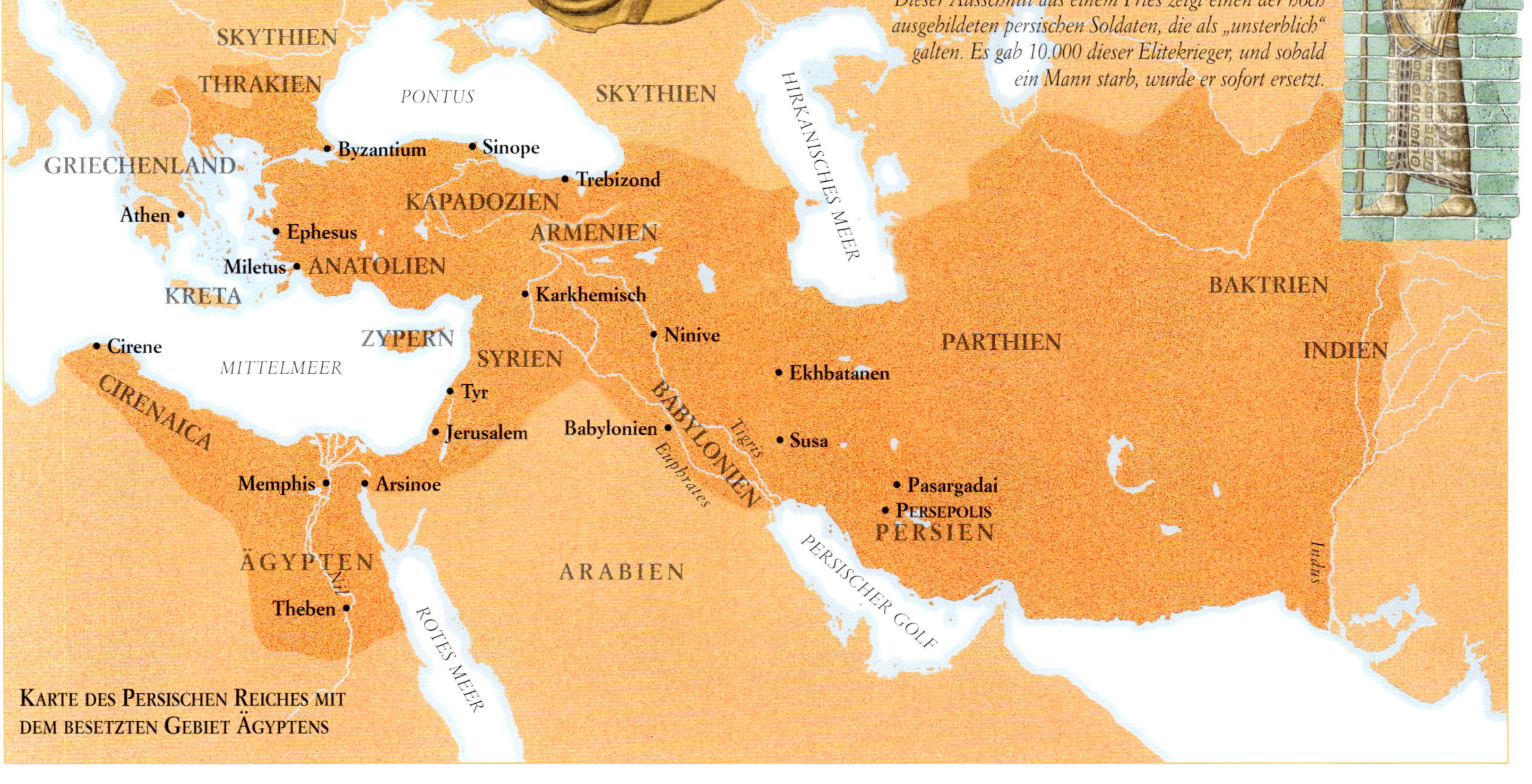

Karte des Persischen Reiches mit dem besetzten Gebiet Ägyptens

Die Griechische und Römische Zeit

Alexander der Große fügte Ägypten 332 v. Chr. seinem Reich hinzu und erklärte sich selbst zum Pharao und Sohn des Amun-Re. Nach Alexanders Tod folgten auf dessen Makedonische Dynastie die Ptolemäer mit Ptolemaios I. Vierzehn weitere ptolemäische Herrscher verbreiteten die griechische Kultur in ganz Ägypten. Griechisch wurde zur Amtssprache, Demotisch zur Sprache der einfachen Leute. Die Wirtschaft des Landes beruhte nun auf Geld, neue Staubecken ermöglichten mehr als eine Ernte im Jahr und die ägyptische Bevölkerung wuchs auf mehr als fünf Millionen an. Während des 1. und 2. Jhs. v. Chr. geriet Ägypten jedoch unter den Einfluss Roms, und 30 v. Chr. wurde es Teil des Römischen Reiches. In der anschließenden Römischen Zeit konkurrierte das Christentum mit den ägyptischen Götterkulten. Als die Römerherrschaft endete, traten viele Ägypter zum Christentum über. Diese so genannte Koptische Zeit dauerte bis zum Einfall der Araber 642 n. Chr.

Der Pharos in Alexandria, der erste Leuchtturm der Welt und eines der sieben Weltwunder. Nach ungefähr 15 Jahren Bauzeit wurde er um 283 v. Chr. von Ptolemaios II. (285–246 v. Chr.) fertig gestellt. Auf dem 135 Meter hohen Leuchtturm brannte ein Feuer, das von polierten Bronzespiegeln reflektiert wurde. Er sollte die Schiffe sicher in den Hafen von Alexandria leiten.

Diese Marmorbüste zeigt Kleopatra VII. (69–30 v. Chr.), die letzte und berühmteste der sieben ptolemäischen Königinnen Ägyptens mit dem Namen Kleopatra. Zuerst teilte sie sich die Herrschaft Ägyptens mit ihrem Vater Ptolemaios XII., dann mit ihrem Bruder Ptolemaios XIII. Sie wurde vom römischen Kaiser Julius Cäsar unterstützt und behauptete, er wäre der Vater ihres Sohnes Ptolemaios Caesarion.

Münze mit dem Kopf Ptolemaios I. (305–285 v. Chr.), dem Gründer der Ptolemäischen Dynastie. 18 Jahre nach dem Tod Alexanders des Großen bestieg er den ägyptischen Thron. Er gründete den Kult um den Gott Serapis, indem er Osiris-Apis mit griechischen Göttern wie Zeus vereinigte.

Die Ptolemäerzeit

Diese über 300 Jahre lange Periode begann mit dem Einmarsch der makedonischen Truppen Alexanders des Großen 332 v. Chr. Alexander ließ sich seine Rolle als König von Ägypten durch das Orakel des Amun in der Oase Siwa bestätigen. Nach Alexanders Tod 323 v. Chr. teilten seine Offiziere sein riesiges Reich auf und Ptolemaios erhielt die Kontrolle über Ägypten. Achtzehn Jahre später nahm Ptolemaios den Königstitel an und gründete die Dynastie der Ptolemäer. Alexandria wurde zur Hauptstadt Ägyptens. Die prachtvolle Bibliothek und das Museion machten die Stadt zu einem bedeutenden kulturellen Zentrum. Die Ptolemäer verbreiteten die griechische Kultur, bauten aber auch ägyptische Tempel wieder auf und steigerten den Außenhandel. Ihre Herrschaft dauerte bis 30 v. Chr.

Diese Büste eines frühen ptolemäischen Herrschers zeigt typische Merkmale der ägyptischen Bildhauerei. Die Ptolemäer erklärten ihre Frauen zu Königinnen und ließen sie und alle vorherigen Könige und Königinnen der Dynastie vom Volk anbeten.

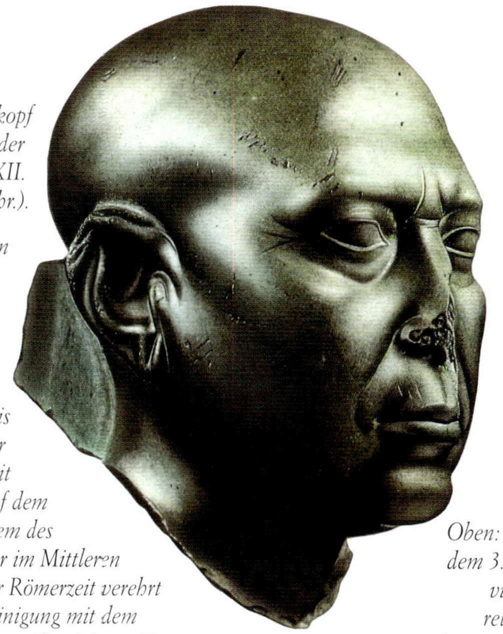

Grüner Schieferkopf aus Alexandria aus der Zeit Ptolemaios' XII. (80–51 v. Chr.).

Links: Die ptolemäischen Herrscher übernahmen viele ägyptische Zeremonien. Diese Stele zeigt König Ptolemaios V. (205–180 v. Chr.), der dem heiligen Stier Buchis ein Opfer darbringt. Der Körper des Stieres ist mit Blattgold überzogen, auf dem Kopf trägt er das Emblem des Kriegsgottes Montu, der im Mittleren Reich und während der Römerzeit verehrt wurde. Durch die Vereinigung mit dem Sonnengott wurde er zum Gott Montu-Re.

Oben: Dieser gläserne Kelch aus dem 3. Jh. n. Chr. war eines von vielen Fundstücken aus der religiösen Stätte Sedeinga in Obernubien. Um den oberen Rand verläuft eine griechische Inschrift.

Die ägyptischen Mumien der Römischen Zeit spiegeln römische Kunst und Mode wider. Das Haar dieser Mumienmaske aus Papiermaché aus dem frühen 1. Jh. n. Chr. besteht aus gefärbter Baumwolle. Die Frau trägt Ohrringe, Armbänder und eine gläserne Halskette sowie einen Kranz aus feinen Gipsblüten. Die Bilder auf dem Fries hinter ihrem Kopf sind in traditionellem ägyptischen Stil gehalten.

Der Dekorationsstil dieses aus dem 3. Jh. n. Chr. stammenden Leinentuchs, mit dem Mumien umhüllt wurden, zeigt römischen Einfluss. Der Totengott Anubis widmet sich einem Verstorbenen, der neben seiner eigenen Mumie steht.

Die Römische Zeit

Im Jahr 31 v. Chr. verlor die Flotte des römischen Statthalters Mark Anton, einem Unterstützer der ptolemäischen Königin Kleopatra VII., die Seeschlacht bei Aktium gegen Oktavian. Im folgenden Jahr ernannte sich Oktavian (später als Augustus bekannt) zum Pharao und machte Ägypten zum Gebiet seines Kaiserreiches, also zu einer Provinz Roms. Über die nächsten 425 Jahre wurde Ägypten von mehr als 50 römischen Herrschern in Folge regiert. Es gab keine ägyptische Herrscherfamilie, und für die Römer war das Land vor allem eine reiche Getreide- und Goldquelle. Nur wenige Kaiser interessierten sich für Ägypten oder besuchten die Provinz. Diese Zeit endete 395 n. Chr. mit der Teilung des Römischen Reiches in ein Ost- und ein Westreich.

Diese Kultstatuette aus der Römerzeit zeigt Aphrodite. Sie wurde in einem ägyptischen Grab gefunden und diente vermutlich der Verehrung zu Hause. Die griechische Göttin der Liebe wurde als „Himmelskönigin" verehrt und entsprach der römischen Göttin Venus.

Dieser Marmorfuß aus Alexandria stammt aus der Römischen Zeit. Als Weiheobjekt wird er mit dem Hinterlassen von Fußabdrücken in Tempeln zum Zeichen von Besuchen oder Pilgerfahrten in Verbindung gebracht. Der Fuß ist mit Figuren der Gottheiten Serapis und Isis als Schlangen mit menschlichen Köpfen verziert. Sie standen für die natürliche Kraft der männlichen und weiblichen Fruchtbarkeit. An der Ferse sieht man Harpokrates, eine spätere Form des Gottes Horus.

Koptischer Rundteppich aus Leinen und Wolle. Viele Gewebe solcher Art oder auch aus Seide fand man während der Christlichen Zeit auf Friedhöfen in Achmim, der Hauptstadt des 9. Gaus von Oberägypten am Ostufer des Nils.

Bronzestatuette eines Reiters mit Kreuz aus dem Ende der Koptischen Zeit um das 7. Jh. n. Chr. Antonius der Große (251–356 n. Chr.) lieferte den größten Beitrag der ägyptischen Kopten zur Christianisierung. Er lebte zwanzig Jahre lang als Einsiedler in der Wildnis und begründete das christliche Mönchtum.

Die Koptische Zeit

Von der Teilung des Römischen Reiches 395 n. Chr. an bis zur Eroberung durch die Araber im Jahr 642 wurde Ägypten von Byzanz aus regiert. Diese Periode der ägyptischen Geschichte ist als Koptische oder Christliche Zeit bekannt. Der Apostel Markus gründete 70 n. Chr. die christliche Kirche in Ägypten, aber vor dem 3. Jh. traten nur wenige Ägypter zum Christentum über. Danach führte Antonius der Große das Mönchtum in Ägypten ein. Die neue koptische Kirche fügte dem griechischen Alphabet demotische Schriftzeichen hinzu, um ägyptische Laute schreiben zu können und eine neue Schrift zu schaffen. Im 6. Jh. wurde das Heidentum offiziell beendet und 536 der Isis-Tempel in Philae geschlossen. Im folgenden Jahrhundert eroberten die Araber Ägypten und verdrängten die byzantinischen Truppen. 642 n. Chr. begann die islamische Herrschaft.

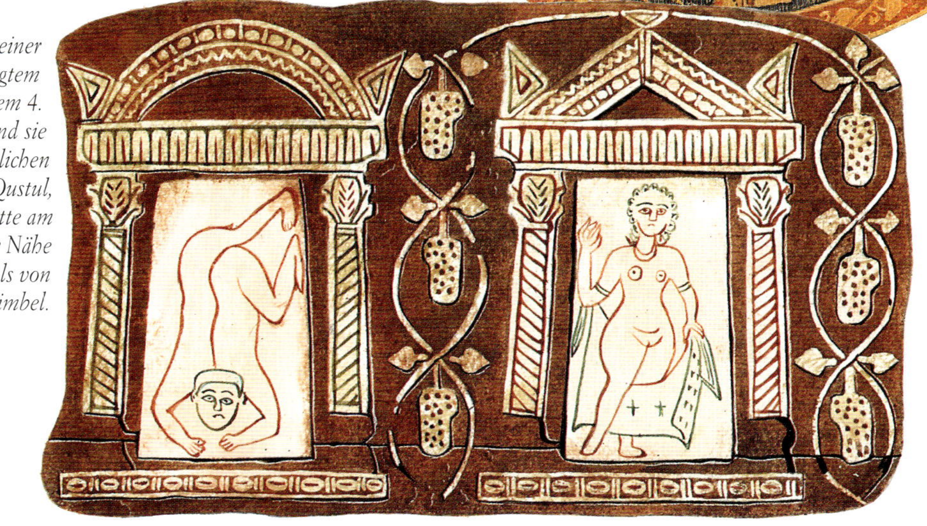

Holztäfelung einer Kiste mit eingelegtem Elfenbein aus dem 4. Jh. n. Chr. Man fand sie mit weiteren ähnlichen Objekten in Qustul, einer Begräbnisstätte am oberen Nil in der Nähe des Tempels von Abu Simbel.

Diese schöne Löwin aus vergoldetem Holz mit Einlegearbeiten aus blauem und schwarzem Glas war Teil einer Liege, die für Rituale verwendet wurde. Sie wurde im Grab des Tutanchamun gefunden.

Auf einigen alten Reliefs sind mittelgroße Wildkatzen abgebildet. Eine davon war der Karakal oder Wüstenluchs mit seinen typischen schwarzen Haarbüscheln an den Ohren. Heute kommt er selten in dieser Region vor.

Tiere

Tiere waren ein wichtiger Bestandteil der altägyptischen Welt. Viele Tiere lebten am Rand der Wüste, im Sumpfland nahe des Nilufers und im Fluss selbst. Löwen oder Krokodile waren gefürchtet, andere große Tiere wie etwa Nilpferde richteten großen Schaden auf den Feldern an. Die Jagd war in frühen Zeiten als Nahrungsquelle und später als Sport sehr wichtig. Rinder, Schafe, Ziegen und andere Tiere wurden gezähmt und wegen ihres Fleisches, ihrer Milch, ihres Felles und ihrer Wolle gezüchtet. Kleinere Tiere wie Hunde, Katzen und Affen waren als Haustiere für Kinder sehr beliebt. Vor allem aber verband man ägyptische Tiere mit Göttern und Göttinnen sowie mit altem Glauben und alten Mythen. Das machte sie noch bedeutender.

Löwen und Könige

Die Verbindung zwischen ägyptischen Königen und Löwen stammt wahrscheinlich aus der Zeit vor den Dynastien, als Stammesanführer die Raubkatzen zu jagen begannen und ihr Angriffsverhalten bewunderten. In alten Zeiten lebten Löwen am Wüstenrand in der Nähe des Nils. Sie wurden als Wächter des östlichen und westlichen Horizonts und daher des Sonnenaufgangs und des Sonnenuntergangs angesehen.

Eine Mumie mit Widderkopf, dessen Hörner die Sonne tragen. Damit wird die Einheit der Götter Re und Osiris dargestellt.

Der Fennek, der kleinste Fuchs der Welt, lebt in der nordafrikanischen Wüste. Seine charakteristischen großen Ohren ermöglichen es seinem Körper, Hitze schnell wieder abzugeben. Tagsüber versteckt er sich in seinem Bau, in der Nacht geht er auf Nahrungssuche.

Früher und heute

Viele wilde Tiere dieser Gegend, etwa der Wüstenluchs kamen in alten Zeiten häufiger vor als heute. Auch das Berberschaf, das früher in den trockenen und felsigen Regionen weidete, ist im modernen Ägypten selten geworden. Widder mit spiralförmigen Hörnern (rechts) hatten wenig Fell und wurden im Mittleren Reich durch eine Rasse ersetzt, die mehr Wolle lieferte. Trotzdem stellten in früheren Zeiten Widder und speziell ihre Hörner göttliche und königliche Symbole dar.

Die Eule stand für den Buchstaben „m" in der Hieroglyphenschrift. Es ist ein ungewöhnliches Zeichen, da auf nur wenigen ägyptischen Zeichnungen ein Tier zu sehen war, das den Beobachter direkt anschaute.

Diese Katze aus Bronze stellt die Erscheinungsform der Göttin Bastet dar. Sie trägt das heilige Auge des Horus auf ihrer Brust, einen goldenen Nasenring und goldene Ohrringe. In den Augenhöhlen waren ursprünglich Edelsteine eingelegt.

Statuette aus Bronze und vergoldetem Holz des heiligen Ibis, dem Sinnbild für Thoth, dem Gott der Schrift und des Wissens. Vor dem Vogel hockt Maat, die Göttin der Wahrheit und der Ordnung.

Heilige Tiere

Die Ägypter betrachteten viele Tiere als heilig. Der Falke war die Erscheinungform der Götter Horus und Osiris, der Ibis die des Thoth, die Katze die der Göttin Bastet, die Kuh die der Hathor und das Krokodil die des Sobek. Zu einigen Göttern gehörte mehr als ein Tier. So wurde z. B. die Göttin Selket, oft in Zaubersprüchen zur Heilung von giftigen Bissen genannt, sowohl mit Skorpionen und Schlangen als auch mit Löwinnen in Verbindung gebracht. Der heilige Stier Apis (siehe rechte Seite) war eher ein bestimmtes Tier als eine Tierart oder Gruppe von Tieren.

Diese Nilpferdstatuette ist mit einigen der Pflanzen verziert, die im Sumpfdickicht des Nils wachsen. Nilpferde richteten Schaden an und waren von den Ägyptern gefürchtet, aber sie sind in dieser Region inzwischen ausgestorben.

Ägyptische Schreiber verwendeten Tierfiguren, um die Moral einer Erzählung zu veranschaulichen. Diese Papyrusmalerei zeigt einen Löwen, der mit einer Antilope das Brettspiel „senet" spielt. Die beiden Tiere waren natürliche Feinde und es sieht aus, als ob der Räuber seine Beute besiegen würde.

Kunst und Bildhauerei

In der ägyptischen Kunst versinnbildlichten Tiergestalten gewöhnlich Götter oder Menschen. Falken und Löwen stellten den Pharao und seine Verbindung zu wichtigen Göttern wie Horus und Sachmet dar. Die Kobra war das heilige Bild der unterägyptischen Göttin Uto, die Geiergestalt das der oberägyptischen Göttin Nechbet. Als Herrscher beider Länder trug der Pharao beide Tiere auf seinem Kopfschmuck. Tierfiguren (wie das Nilpferd oben) waren häufige Grabbeigaben menschlicher Bestattungen und sollten die Toten beschützen.

Heilige Katzen wurden mumifiziert und in Särge aus Gips, Holz oder Stein gelegt. Die Ägypter glaubten an die Wiedergeburt der Katzen und sahen sie als Vermittlerinnen zwischen ihren Göttern und den Menschen an.

Bestattung und Opfer

Alle Arten von Tieren wurden einbalsamiert und wie Mumien beigesetzt. Man fand Überreste von Falken, Katzen, Hunden, Krokodilen, Widdern, Pavianen, Schlangen, Mungos, Fischen und sogar von Käfern. In Sakkara entdeckte man in ordentlich aufgereihten Tontöpfen beinahe vier Millionen mumifizierter Ibisse. Einige von ihnen starben wahrscheinlich eines natürlichen Todes, aber viele wurden speziell gezüchtet und dann getötet. So konnten ihre Mumien von den Tempelanhängern den Göttern, denen sie heilig waren, geopfert werden. Waren in einem Tempel zu viele Tiermumien, wurden sie weggebracht und in einem nahe gelegenen Friedhof begraben.

Der heilige Stier Apis war ein einzeln lebendes Tier, speziell auserwählt als irdische Erscheinungsform des Gottes Ptah. Wenn der Stier starb, wurde er einbalsamiert und seine Mumie für die Beisetzung in einem Granitsarkophag von Memphis nach Sakkara gebracht. Dann wurde ein neuer Stier mit der richtigen Zeichnung ausgesucht.

Diese Malerei aus der Zeit um 1400 v. Chr. zeigt den Schreiber Nebamun auf einem Schilfrohrboot bei der Vogeljagd im Sumpfdickicht des Nils. Er hält einen Wurfstock in einer Hand und Lockvögel in der anderen. Er wird von seiner Frau, seiner Tochter, seiner Lieblingskatze und einer Gans begleitet.

Die Jagd

Die ersten Ägypter lebten als Jäger und Sammler entlang des Nilufers. Als sich ihre Vorfahren in kleinen Bauerndörfern niederließen, wurde die Jagdtradition als willkommene zusätzliche Nahrungsquelle beibehalten. Für die reicheren Gesellschaftsschichten entwickelte sich die Jagd zu einem beliebten Zeitvertreib. Löwen und Wild wurden in der Wüste gejagt, Nilpferde und Krokodile in den Sumpfgegenden.

Jagdgruppen für die Nilpferdjagd bestanden aus vielen Booten. Die Tiere wurden mit Speeren getötet. Vögel wurden mit Wurfstöcken erschlagen und in Netzen gefangen. Im Neuen Reich nahm der Pharao selbst an der Großwildjagd nach Löwen, Elefanten und Nashörnern teil, und die königliche Jagd wurde für die Ägypter zum Symbol des Königtums.

Die Wiederentdeckung Ägyptens

Der erste griechische Historiker Herodot (um 484–420 v. Chr.) beschrieb in lebendigem Stil seine Reisen in Ägypten während der 27. Dynastie der Spätzeit. Sein Werk inspirierte viele spätere Historiker und Geographen.

Während der Römischen, Koptischen und Arabischen Zeit Ägyptens begannen sich europäische Gelehrte für die antike Geschichte dieser Gegend zu interessieren. Gleichzeitig aber ging den Ägyptern selbst jene Art von Wissen aus erster Hand, das von Generation zu Generation weitergegeben wird, verloren. Die letzte bekannte Hieroglypheninschrift stammt aus dem Jahr 394 n. Chr. und erst ungefähr 1500 Jahre später, im Jahr 1822, entzifferte der Franzose Jean-François Champollion die antike ägyptische Schriftart. Damals waren bereits viele antike Stätten wieder entdeckt worden, und ein paar Jahrzehnte danach gründete man eine Organisation, die sich um die ägyptischen Altertümer kümmern sollte. Das Studium der Ägyptologie nahm rasch zu und die Aufmerksamkeit der Öffentlichkeit wurde 1922 durch die erstaunlichen Funde im Grab des Tutanchamun erweckt. Auch heute noch werden Entdeckungen gemacht, durch die wir noch mehr über die alten Ägypter und ihre bemerkenswerte Zivilisation erfahren.

Die Klassik

Als griechische und römische Schriftsteller nach Ägypten reisten, interessierten sie sich natürlich sehr für die Denkmäler der antiken Zivilisation, die sich dort entwickelt hatte. Der Schriftsteller Diodorus (1. Jh. v. Chr.) und der Historiker und Geograph Strabon (um 63 v. bis 21 n. Chr.), der als Erster über den Gebrauch eines Wasserstandsanzeigers in Elephantine berichtete, folgten dem Beispiel Herodots (siehe oben). Auch der bekannte griechische Biograph und Essayist Plutarch (um 46–126 n. Chr.) besuchte Ägypten und schrieb einen berühmten Bericht über den Mythos von Horus und Seth. Zur Zeit des Römischen Reiches verbreitete sich die Verehrung der Göttin Isis. Dadurch nahm auch das Interesse an anderen Aspekten des alten Ägypten zu, und einige antike Stücke wurden nach Rom transportiert.

Der italienische Entdecker Giovanni Belzoni (1778–1823) fand und verschiffte eine große Anzahl ägyptischer Altertümer für Sammler und Museen nach Europa. Er entdeckte das Grab König Sethos' I. in Westtheben und die griechisch-römische Stadt Berenice. Nach modernen Maßstäben arbeitete er mit ungewöhnlichen Methoden. Aber er hielt die Herkunft aller mitgenommenen Gegenstände detailliert fest und führte gute Aufzeichnungen.

1816 entfernten Belzonis Arbeiter im Namen des britischen Generalkonsuls den „jungen Memnon", Teil einer Kolossalstatue Ramses' II., aus Luxor. Die Statue wurde eines der ersten bedeutenden ägyptischen Altertümer in der Sammlung des Britischen Museums in London.

Der Engländer Howard Carter (1874–1939) war erst 17 Jahre alt, als er mit dem berühmten Ägyptologen Flinders Petrie Ägypten besuchte. 1922 machte er seinen größten Fund – das Grab des Tutanchamun.

Grabräuber

Grabräuber stellten immer ein großes Problem für die Archäologen dar. Manche ägyptischen Gräber wurden schon in alten Zeiten oder vor vielen Jahrhunderten ausgeraubt. Moderne Archäologen waren beim Betreten eines wieder entdeckten Grabes oder Tempels oft enttäuscht, wenn sie sahen, dass die Schätze schon vor vielen Jahren entfernt worden waren. Ägyptologen wie Howard Carter mussten ihre Ausgrabungsstätten sehr sorgfältig bewachen. Oft war es schwierig, einen sicheren Lagerplatz für die Fundstücke zu finden, bevor man sie in ein Museum transportierte. Heute ist der Antiquitätenhandel besser kontrolliert, doch die Archäologen müssen immer noch gut aufpassen, wenn sie an einem neuen Grabungsort mit der Arbeit beginnen.

Vor den Augen riesiger Menschenmassen wurden die wunderschönen Gegenstände aus dem Grab Tutanchamuns im Tal der Könige weggebracht. Man brachte sie in das Museum von Kairo, wo sie heute noch zu besichtigen sind.

Mehmed Ali (1769–1849), von 1805 bis 1848 Statthalter des Osmanischen Reiches in Ägypten, gilt als Begründer des modernen Ägypten. Er ließ sich von europäischen Beratern bei der Modernisierung des Landes helfen und vergrößerte Macht und Wohlstand Ägyptens. Er war dem Westen gegenüber aufgeschlossen und erlaubte europäischen Archäologen den Zugang zu ägyptischen Altertümern.

Dieses Plakat aus den Zwanzigerjahren wirbt für die Wunder einer Pyramidenbesichtigung und einer Bootsfahrt auf dem Nil. Damals waren solche exotischen Reisen vor allem wenigen Reichen vorbehalten.

Tourismus

Als Touristen im 19. und frühen 20. Jh. mit der Besichtigung antiker Stätten in Ägypten begannen, gab es nur wenig Kontrollen. Leute stiegen auf Monumente und beschädigten sie, indem sie Gegenstände berührten und bewegten. Viele Kunstgegenstände wurden damals in Museen gebracht, in denen sie sicherer waren und trotzdem von Millionen Menschen angeschaut werden konnten. Heute befasst sich ein ganzer Sektor der Tourismusindustrie mit der Besichtigung antiker Wunder wie der in Ägypten, die oft mit Bootsfahrten auf dem Nil verbunden sind. Das belastet Orte wie Giseh stark. Trotzdem ist es wichtig, dass die Leute mit unserem kulturellen Erbe aus der Antike in Berührung kommen und es genießen können.

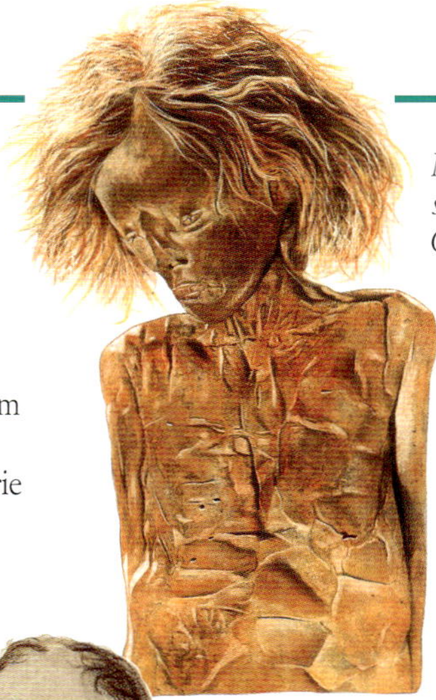

Mumie eines jungen Mädchens, die in den späten Neunzigerjahren des 20. Jhs. in der Oase Charga etwa 175 Kilometer westlich des Nils in der Libyschen Wüste gefunden wurde. Zwischen den Überresten eines Bauerndorfes fand man dort viele Mumien aus dem 1. bis 3. Jh. n. Chr. Der Glauben der Dorfbewohner an ein Leben nach dem Tod war so stark, dass sie trotz ihrer Armut ihre Toten mumifizierten.

Der britische Ägyptologe Sir John Gardner Wilkinson (1797–1875) reiste 1821 zum ersten Mal nach Ägypten. In den folgenden zwölf Jahren entdeckte und studierte er antike Stätten. Er machte ausführliche Notizen und Zeichnungen in Karnak und im Tal der Könige und berichtete hervorragend über seine Ausgrabungen in Theben. 1841 vollendete er sein berühmtes dreibändiges Werk „Geschichte Ägyptens".

Moderne Archäologen studieren den Tempel in Karnak. Epigraphiker machen genaue Kopien der Inschriften, Malereien und Reliefs an ihren ursprünglichen Plätzen. In Verbindung mit Fotografien werden diese Kopien zu Studienzwecken verwendet.

Archäologie im 21. Jahrundert

In den vergangenen Jahrhunderten wurde viel vom alten Ägypten wieder entdeckt und die Arbeiten dazu gehen weiter. Archäologen heute haben ihren Vorgängern gegenüber viele Vorteile. Sie können genaue Luft- und Satellitenbilder der Stätten und der Umgebung studieren, besitzen hoch entwickelte Scanner zur Untersuchung der Mumien und können mit Computern Gebäude und Monumente rekonstruieren und sehen, wie diese vor tausenden von Jahren aussahen. Die moderne Archäologie arbeitet mit schonenden Techniken und belässt Altertümer möglichst im Zustand ihrer Entdeckung.

Eine Tierkreisdarstellung aus dem 1. Jh. n. Chr. von der Decke der Kapelle des Osiris im Hathor-Tempel in Dendera. Sie wurde während Napoleons Ägyptenfeldzug entfernt und ist heute im Louvre in Paris zu sehen. In Dendera wurde sie durch eine Kopie ersetzt.

Die Entwicklung der Ägyptologie

1858 beauftragte der Vizekönig von Ägypten den französischen Ägyptologen Auguste Mariette (1821–1881) mit der Überwachung aller archäologischen Ausgrabungen. Mariette wurde der erste Direktor der Ägyptischen Altertümerverwaltung und gründete ein Nationalmuseum. Die Ausgrabungen verliefen nun geordneter und wurden besser aufgezeichnet. Eine Reihe von Lehrstühlen in Ägyptologie wurde in der ganzen Welt errichtet. Dies ebnete den Weg für Gelehrte wie den britischen Archäologen Flinders Petrie (1853–1942) und den Amerikaner George Reisner (1867–1942), der 28 Jahre lang Professor für Ägyptologie an der Harvard Universität war. Zu Beginn des 20. Jhs. wurde die Ägyptologie als wichtiges akademisches Fach anerkannt.

Napoleons Ägyptenfeldzug

1798 segelte der große französische Feldherr Napoleon Bonaparte mit ungefähr 38.000 Soldaten nach Ägypten. Sein Ziel war die Zerstörung des britischen Handels mit dem Nahen und Mittleren Osten und die Blockierung der Handelsroute nach Indien. Außer seiner Armee nahm Napoleon eine Gruppe von 167 Gelehrten mit: Botaniker, Architekten, Geologen, Chemiker und Künstler. Ihre Aufgabe war es, Informationen über alles, was Ägypten und seine antike Geschichte betraf, zu sammeln und aufzuschreiben. Das gelang den Forschern. Napoleons Flotte wurde nach dem Sieg in der Schlacht bei den Pyramiden nur elf Tage später in der Seeschlacht bei Abukir von den Briten unter Admiral Nelson geschlagen. Die Gelehrten durften ihre Arbeit jedoch bis 1802 fortsetzen.

Das Gemälde von Jean-Antoine Gros zeigt Napoleon in der Schlacht bei den Pyramiden im Jahr 1798. Napoleon besiegte die Mameluckenherrscher in Ägypten, nahm Kairo ein und erlangte Kontrolle über das Land.

Der schottische Maler David Roberts (1796–1864) zeichnete 1838 detaillierte Skizzen der antiken Monumente und Orte in Ägypten. Spätere Forscher verwendeten seine schönen Bilder als genaue Aufzeichnungen der damaligen Stätten, bevor diese weiter von Archäologen durcheinander gebracht und freigelegt wurden.

Einige der Gelehrten, die an Napoleons Expedition teilnahmen, untersuchten antike Monumente und Bauwerke. Französische Künstler fertigten herrliche Skizzen und Gemälde von den Entdeckungen an, die in Paris zwischen 1809 und 1822 als 24-bändige Reihe herausgegeben wurden.

Register